EBS
FM Radio
www.ebs.co.kr

52강 전체 해설 강의 수록!!

입에서 톡 Talk 시즌3

독학 아랍어 첫걸음

최영길 지음

문예림

http://www.moonyelim.com

입에서 톡 독학 아랍어 첫걸음 시즌 3

초판 1쇄 인쇄 2019년 3월 15일
초판 1쇄 발행 2019년 3월 22일

지은이 최영길
발행인 서덕일
펴낸곳 도서출판 문예림

출판등록 1962.7.12 (제406-1962-1호)
주소 경기도 파주시 회동길 366 (10881)
전화 (02)499-1281~2 **팩스** (02)499-1283
전자우편 info@moonyelim.com
ISBN 978-89-7482-902-5 (13790)

머 리 말

아랍어는 22개 아랍 국가들로 구성된 아랍연맹의 공식 언어이다. 그 뿐만 아니라 57개 이슬람국가들로 이루어진 이슬람회의기구와 유엔의 공용어 가운데 하나가 되어 명실상부한 국제 언어로서 역할을 하고 있다. 또한 국가와 민족 언어를 초월한 전 세계 16억 무슬림들의 통일된 종교언어로 자리 잡고 있다.

아랍인들은 아랍어로 말하는 외국인을 보면 무척이나 호감을 갖고 반가워한다. 그것은 그들이 아랍어로 계시된 꾸란의 자구와 의미 모두를 하나님의 언어로 믿고 있기 때문이다. 그래서 어느 이슬람학자는 하나님과 직접 대화를 나눌 수 있는 언어는 오직 아랍어 밖에 없다고 주장하기도 한다. 아랍어는 꾸란의 문체를 중심으로 한 표준 아랍어와, 일상생활에서 많이 사용되는 구어체 아랍어와, 각 지역에서 사용하는 방언 아랍어로 나누어 볼 수 있다.

본서의 전반부에서는 아랍어 자음과 모음기호, 철자의 연결과 단어구성, 장모음과 단어구성 등 초보자를 위한 기초부분을 다루고 후반부에서는 상황과 주제에 따른 대화문을 다루었다. 정확하게 발음할 수 있도록 하기위해 발음하는 입모양의 삽화를 넣었으며 아랍 글자를 알지 못해도 누구나가 쉽게 말할 수 있도록 아랍어 단어의 한글 발음을 표기하였고 여러 아랍 국가의 현지인 녹음을 통하여 청취 능력을 배양하도록 함으로써 아랍인들과 쉽게 대화를 나눌 수 있도록 하였다. 언어와 더불어 아랍인들의 정서를 이해하기 위해 본서 이곳저곳에 그들의 생활문화를 소개하고 그와 함께 현지에서 촬영한 사진들을 넣어 시각적 효과도 극대화 하였다. 그리고 아랍문화의 핵심인 이슬람문화는 부록으로 다루었다.

끝으로 아랍어 교육을 방송프로그램으로 채택하고 텍스트 현지녹음과 자료촬영을 위해 아랍국가 현지방문 지원을 아끼지 아니한 EBS 한국방송공사를 비롯하여 사우디아라비아 방문에 도움을 준 주한 사우디아라비아 대사관, 안내와 자료촬영에 적극 협조하여 준 사우디아라비아 문화공보부, 현지 녹음에 도움을 준 킹 사우드 대학교와 녹음에 참여한 교수님들과 학생들 및 두바이의 국제고교 선생님들, 시종일관 고생한 손희준 PD, 그리고 출간을 맡아준 문예림과 본 프로그램 제작에 참여한 출연진 모두에게 감사를 드린다.

2008. 1. 31

최 영 길

الفهارس

الموضوع الأول

리야드 소재 킹사우드 대학교 회랑
ممر جامعة الملك سعود في الرياض

교실에서 강의하는 교수와 강의를 듣고 있는 학생들
الأستاذ يلقي المحاضرة والطلاب في الفصل

학생들이 교실에서 강의를 듣고 있다
الطلاب يستمعون إلى المحاضرة في الفصل

الموضوع الأول 1

아랍어 문자와 발음

아랍어는 꾸란의 문어체를 중심으로 한 표준 아랍어와, 일상생활에서 많이 사용되는 구어체 아랍어 그리고 각 지역에서 사용하는 방언 아랍어로 나누어 볼 수 있다. 방언은 그 지역 사람이 아니면 대화가 불가능하며 구어체 아랍어 역시 아랍 국가에 따라 서로 다르기 때문에 의사소통에 한계가 있다. 그러나 표준 아랍어는 22개 아랍국가들의 표준어로 통일된 아랍어이기 때문에 모든 아랍인들은 물론 아랍어를 공부한 외국인들과도 아랍어 대화가 원활히 이루어 질 수 있으며 특히 아랍어 쓰기와 인쇄는 모두 표준 아랍어만 사용된다.

오늘날 사용되고 있는 아랍어는 서력 610년부터 632년까지 23년 동안 메카 꾸라이쉬 부족의 일원이었던 무함마드에게 계시된 꾸란 아랍어에서 출발한다. 꾸란의 힘을 등에 업은 꾸란 아랍어는 22개 아랍 국가들을 탄생시키고 14세기가 지난 오늘날까지 정통 표준어 역할을 하고 있다. 꾸란의 아랍어는 예배와 신앙생활의 언어가 되면서 인류가 사용해온 지구촌 모든 언어들 중에서 가장 오랜 생명력을 갖고 있다.

아랍어를 쉽게 그리고 가장 빠르게 익히는 방법은 28개의 철자를 아랍인의 발음에 따라 천천히 그리고 큰 소리로 정확하게 읽고 암기하는 습관이 가장 중요하다. 아랍어를 읽지도 못하고 쓸 줄도 몰랐던 문맹인(Ummi) 무함마드에게 하나님(Allah)께서 꾸란을 계시할 때 정확한 발음과 읽기(Iqra)를 강조하였다는 것을 꾸란은 언급하고 있다. 그리고 글쓰기 공부는 철자나 단어 위에 덮어쓰기를 한 후 선을 따라 써보는 것이 가장 빠르고 정확하다.

안녕하세요. السلام عليكم

1 الدرس

아랍인들과 전 세계 비아랍 무슬림들이 공통적으로 사용하는 '앗쌀라-무 알라이쿰' 인사말을 시작으로 아랍어 모음기호와 28개 철자를 공부한다. 아랍어를 정복하는 첫 번째 단계는 정확한 발음습득에 있다는 것을 명심해야 한다.

아랍어는 오른쪽에서 왼쪽으로 쓰고 읽으나 아랍어 한글 발음은 편의상 왼쪽에서 오른쪽으로 표기하였다.

المحادثة

مجنون : السلام عليكم .

앗쌀라-무 알라이쿰

마즈눈: 안녕하세요

ليلى : وعليكم السلام .

와 알라이쿰 쌀람

라일라: 당신도 안녕하세요.

مجنون : إلى اللقاء

일랄 리까-아

마즈눈: 안녕히 계세요.

ليلى : إلى اللقاء

일랄 리까-아

라일라: 안녕히 가세요.

الحروف والنطق

모음기호, 명칭, 음가

1. ـَـ (아)

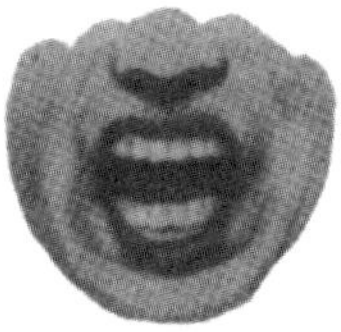

ـَـ

명칭은 파트하(الفتحة)이며 한국어 모음의 (아, ㅏ)에 해당한다.

2. ـُـ (우)

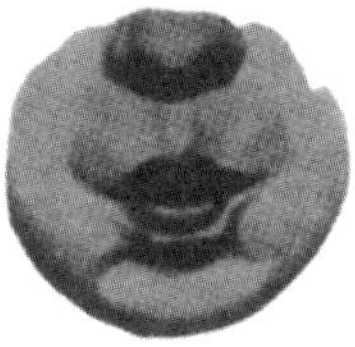

ـُـ

명칭은 담마(الضمة)이며 한국어 모음의 (우, ㅜ)에 해당한다.

3. ـِـ (이)

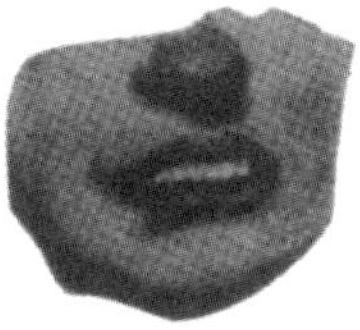

ـِـ

명칭은 카스라(الكسرة)이며 한국어 모음의 (이, ㅣ)에 해당한다.

장모음

아랍어 28개 철자 중에서 (아), (우), (이) 3개 철자가 장모음 기능을 한다.

1. ا (아~)

ا

명칭은 알리프(الألف)이며 (아) 장모음이다.

2. و (우~)

و

명칭은 와우(الواو)이며 (우) 장모음이다.

3. ي (이~)

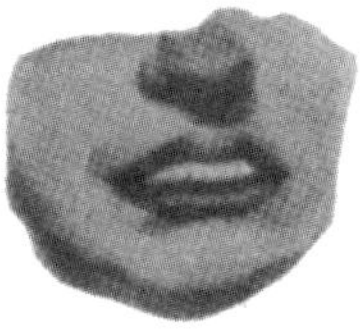

ي

명칭은 야(الياء)이며 (이) 장모음이다.

철자와 명칭 음가와 발음

1. 함자 (الهمزة)

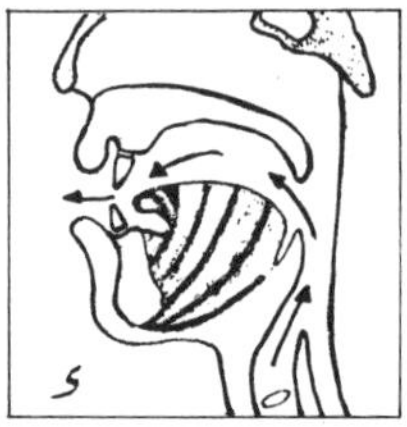

목구멍 깊숙이 가슴 쪽에서 기도를 닫았다가 갑자기 열릴 때 나는 소리로 한국어 음가의 이응(ㅇ)에 가깝다. 함자(ء)는 알리프(ا)의 위에 또는 아래, 와우(الواء) 위에, 또는 독립적으로 올 때가 있는데 함자와 알리프를 구별해서 아랍어 철자를 29개로 보는 학자도 있으나 함자와 알리프를 합쳐 28개 철자로 보는 것이 보편적이다.
함자(الهمزة)의 한국어 음가는 이응(ㅇ) 으로 표기하였다.

✱ 모음기호의 음가에 따라 다음을 읽으시오.

أْ	إِ	أُ	أَ	ئي ؤو آ	ـأْ	ـإِ	أُ	أَ
(으)	(이)	(우)	(아)	*장모음 붙여 읽기	어미형	중간형	머리형	독립형

2. 바 (الباء)

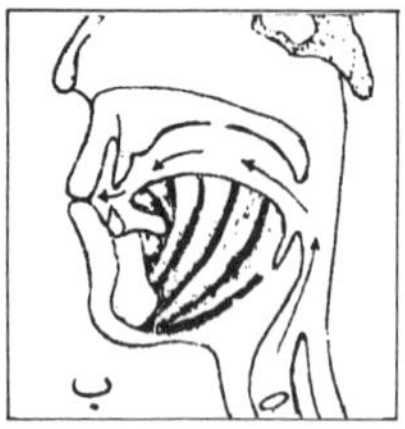

입술을 다물었다가 열면서 입술 가까이서 발음된다.
바(الباء)의 음가는 비읍(ㅂ) 으로 표기하였다.

✱ 모음기호의 음가에 따라 다음을 읽으시오.

بْ	بِ	بُ	بَ	بي بو با	ـبْ	ـبِـ	بُـ	بَ
(브)	(비)	(부)	(바)	*장모음 붙여 읽기	어미형	중간형	머리형	독립형

3. 타 (التاء)

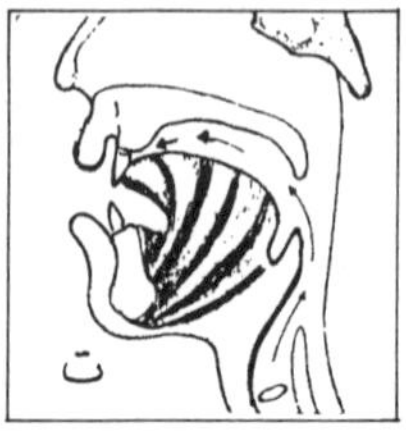

혀 끝 윗부분을 위 앞니 잇몸에 댄 후 혀끝을 밀어내며 발음한다.
타(التاء)의 한국어 음가는 티읕(ㅌ) 으로 표기하였다.

✱ 모음기호의 음가에 따라 다음을 읽으시오.

تْ	تِ	تُ	تَ	تا تو تي	ـتْ	ـتِـ	تُـ	تَ
(트)	(티)	(투)	(타)	* 장모음 붙여 읽기	어미형	중간형	머리형	독립형

4. 싸 (الثّاء)

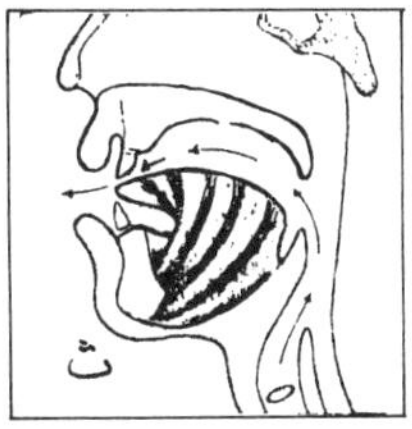

혀 끝 윗부분을 위 앞니 끝에 마찰시켜 내는 소리로 기도를 막고 혀 끝은 윗니와 아랫니 사이에 넣어 발음한다. 영어 through 발음에서 th 발음과 비슷하다.
싸(الثّاء)의 한국어 음가는 쌍시옷(ㅆ) 으로 표기하였다.

✱ 모음기호의 음가에 따라 다음을 읽으시오.

ثْ	ثِ	ثُ	ثَ	ثا ثو ثي	ـثْ	ـثِـ	ثُـ	ثَ
(쓰)	(씨)	(쑤)	(싸)	* 장모음 붙여 읽기	어미형	중간형	머리형	독립형

5. 짐 (الجيم)

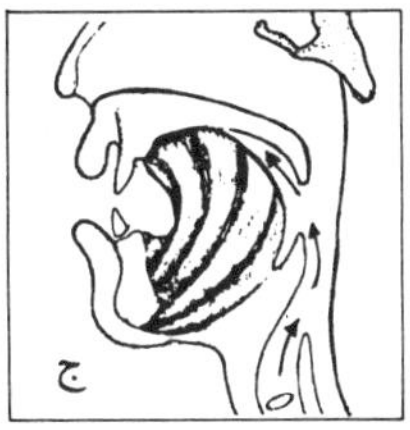

혀 중간 부분을 입천장에 마찰시켜 발음한다.
짐(الجيم)의 한국어 음가는 지읒(ㅈ) 으로 표기하였다.

✱ 모음기호의 음가에 따라 다음을 읽으시오.

جْ	جِ	جُ	جَ	جا جو جي	ـجْ	ـجِـ	جُـ	جَ
(즈)	(지)	(주)	(자)	* 장모음 붙여 읽기	어미형	중간형	머리형	독립형

6. 하 (الحاء)

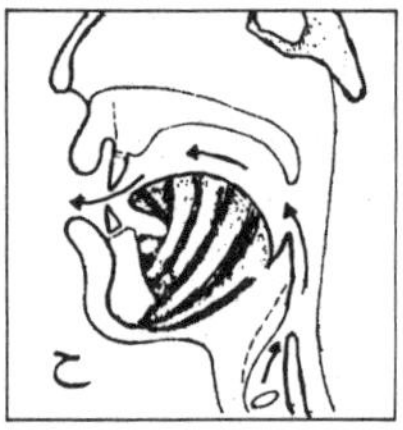

목구멍 중간 부분에서 목의 양쪽을 마찰시켜 발음한다.
하(الحاء)의 한국어 음가는 하웋(ㅎ) 으로 표기하였다.

✱ 모음기호의 음가에 따라 다음을 읽으시오.

حْ	حِ	حُ	حَ	حا حو حي	ـحْ	ـحِـ	حُـ	حَ
(흐)	(히)	(후)	(하)	*장모음 붙여 읽기	어미형	중간형	머리형	독립형

7. 카 (الخاء)

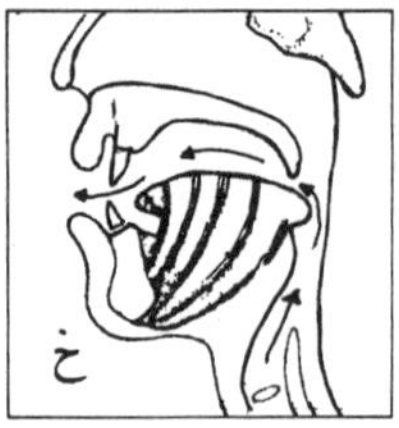

목 젖 부근에서 앞서 소개한 하(الحاء)보다 강하게 목젖을 진동시켜 강하게 발음한다. 한국인들이 크기 등을 과장해서 '커다란' 이라고 말할 때, 또는 가래를 뱉으려 할 때 나오는 발음과도 유사하다.
카(الخاء)의 한국어 음가는 키읔(ㅋ) 으로 표기하였다.

✱ 모음기호의 음가에 따라 다음을 읽으시오.

خْ	خِ	خُ	خَ	خا خو خي	ـخْ	ـخِـ	خُـ	خَ
(크)	(키)	(쿠)	(카)	*장모음 붙여 읽기	어미형	중간형	머리형	독립형

8. 달 (الدال)

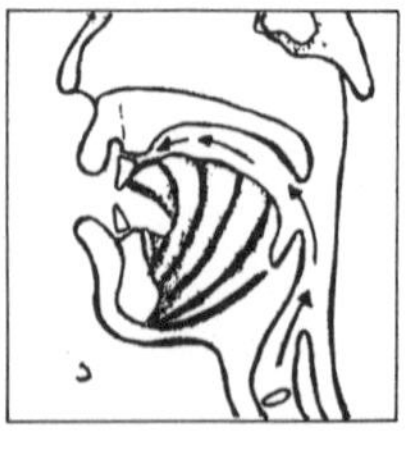

혀의 윗부분을 위 잇몸에 접착시켜 발음한다.
달(الدال)의 한국어 음가는 디귿(ㄷ) 으로 표기하였다.

✱ 모음기호의 음가에 따라 다음을 읽으시오.

دْ	دِ	دُ	دَ	دا دو دي	دْ	دِ	دُ	دَ
(드)	(디)	(두)	(다)	* 장모음 붙여 읽기	어미형	중간형	머리형	독립형

9. 잘 (الذال)

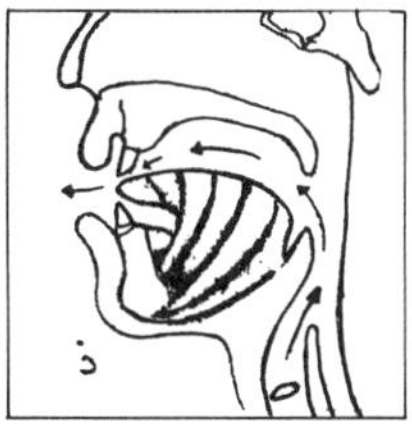

혀끝을 위 앞니 끝에 접촉시켜 발음한다. 한국어의 (ㅈ)과 디귿(ㄷ) 사이의 중간 발음이며 영어의 the 에서 th 발음과 유사하다.
잘(الذال)의 한국어 음가는 지읒(ㅈ) 으로 표기하였다.

✱ 모음기호의 음가에 따라 다음을 읽으시오.

ذْ	ذِ	ذُ	ذَ	ذا ذو ذي	ذْ	ذِ	ذُ	ذَ
(즈)	(지)	(주)	(자)	* 장모음 붙여 읽기	어미형	중간형	머리형	독립형

10. 라 (الراء)

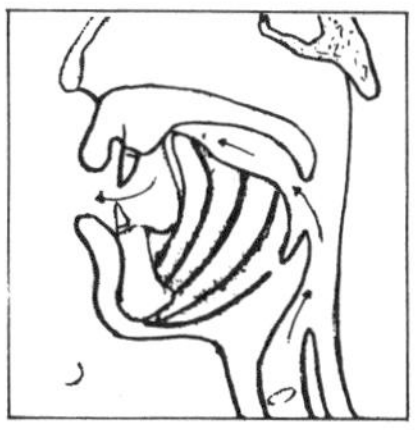

혀 끝을 입천장 앞부분에 혀가 닫지 않은 상태로 진동시켜 나는 소리다.
라(الراء)의 한국어 음가는 리을(ㄹ) 로 표기하였다.

✱ 모음기호의 음가에 따라 다음을 읽으시오.

رْ	رِ	رُ	رَ	را رو ري	رْ	رِ	رُ	رَ
(르)	(리)	(루)	(라)	* 장모음 붙여 읽기	어미형	중간형	머리형	독립형

반갑습니다. أهلا وسهلا

2
الدرس

환영하는 인사말 '마르하바'를 시작으로 28개 아랍어 철자의 정확한 발음습득 공부를 계속한다. 아랍어를 쉽고 빠르게 익히는 방법은 천천히 그리고 큰 소리로 정확하게 읽고 암기하는 습관이 가장 중요하다.

المحادثة

مجنون : مرحبا

마르하바

마즈눈: 반갑습니다.

ليلى : أهلا وسهلا

아흘란 와 싸흘란

라일라: 반갑습니다.

مجنون : مع السلامة

마아 쌀라–마

마즈눈: 안녕히 계세요.

ليلى : مع السلامة

마아 쌀라–마

라일라: 안녕히 가세요.

الحروف والنطق

철자와 명칭 음가와 발음

11. 자이 (الزاء)

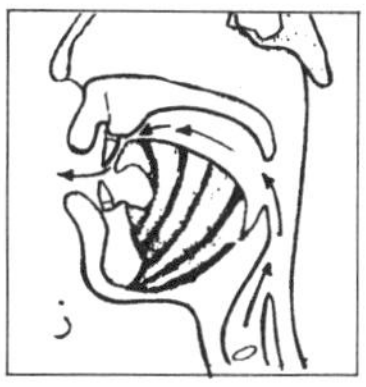

혀 끝을 앞니 끝까지 접근시킨 후 그 사이로 공기가 나갈 수 있도록 혀를 당기면서 내는 소리다. 영어의 'z' 발음과 유사하다.
자이(الزاء)의 한국어 음가는 지읒(ㅈ) 으로 표기하였다.

✱ 모음기호의 음가에 따라 다음을 읽으시오.

زْ	زِ	زُ	زَ	زا زو زي	زْ	زِ	زُ	زَ
(즈)	(지)	(주)	(자)	* 장모음 붙여 읽기	어미형	중간형	머리형	독립형

12. 씬 (السين)

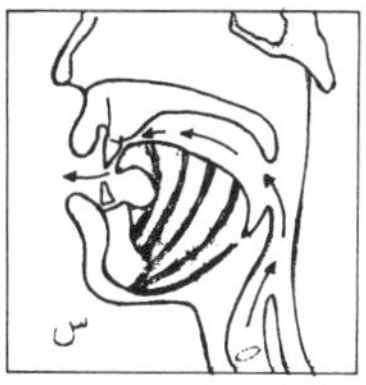

혀 끝을 위 앞니 잇몸에서 약간 띄운 상태에서 발음한다.
씬(السين)의 한국어 음가는 쌍시옷(ㅆ) 으로 표기하였다.

✱ 모음기호의 음가에 따라 다음을 읽으시오.

سْ	سِ	سُ	سَ	سا سو سي	ـسْ	ـسِـ	سُـ	سَ
(쓰)	(씨)	(쑤)	(싸)	* 장모음 붙여 읽기	어미형	중간형	머리형	독립형

13. 쉰 (الشين)

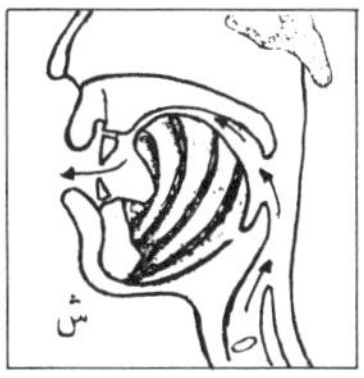

혀 끝과 중간 부분을 입천장 상단에 마찰시켜 발음한다. 한국어의 '쉰' 에서 나는 음가와 비슷하다.
쉰(الشين)의 한국어 음가는 시옷(ㅅ) 으로 표기하였다.

✱ 모음기호의 음가에 따라 다음을 읽으시오.

شْ	شِ	شُ	شَ	شا شو شي	ـشْ	ـشِـ	شُـ	شَ
(싀)	(쉬)	(슈)	(샤)	*장모음 붙여 읽기	어미형	중간형	머리형	독립형

14. 솨드 (الصاد)

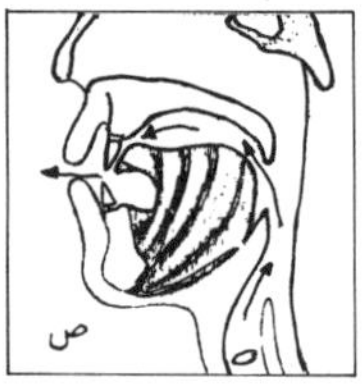

혀 끝을 위 앞니 잇몸에 밀착시켜 앞의 쉰(الشين)을 발음할 때보다 강하게 발음한다. 영어 sun을 발을 할 때 나는 소리와 유사하다.
솨드(الصاد)의 한국어 음가는 시옷(ㅅ) 으로 표기하였다.

✱ 모음기호의 음가에 따라 다음을 읽으시오.

صْ	صِ	صُ	صَ	صا صو صي	ـصْ	ـصِـ	صُـ	صَ
(스)	(쉬)	(수)	(솨)	*장모음 붙여 읽기	어미형	중간형	머리형	독립형

15. 돠드 (الضاد)

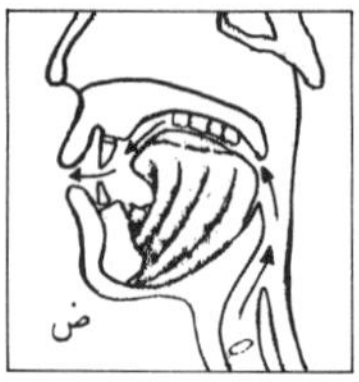

혀의 한 쪽, 주로 왼쪽 부분을 위 어금니에 붙여 발음한다. 영어 dawn의 d 발음과 유사하다. 돠드(الضاد)의 한국어 음가는 디귿(ㄷ) 으로 표기하였다.

✱ 모음기호의 음가에 따라 다음을 읽으시오.

ضْ	ضِ	ضُ	ضَ	ضا ضو ضي	ـضْ	ـضِـ	ضُـ	ضَ
(드)	(듸)	(두)	(돠)	*장모음 붙여 읽기	어미형	중간형	머리형	독립형

16. 똬 (الطاء)

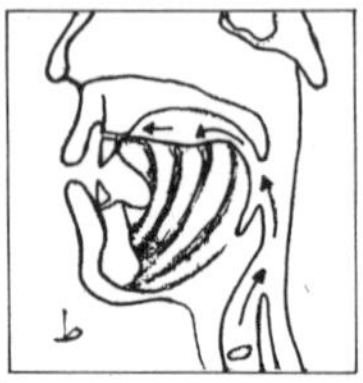

혀 끝 윗부분을 위 앞니 잇몸에 접촉시켜 발음한다.
똬(الطاء)의 한국어 음가는 쌍디귿(ㄸ) 으로 표기하였다.

✱ 모음기호의 음가에 따라 다음을 읽으시오.

طْ	طِ	طُ	طَ	طا طو طي	ـطْ	ـطِـ	طُـ	طَ
(뜨)	(뛰)	(뚜)	(따)	＊장모음 붙여 읽기	어미형	중간형	머리형	독립형

17. 좌 (الظاء)

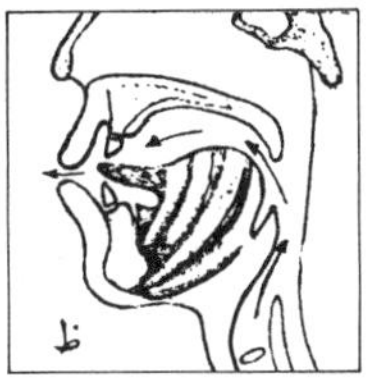

혀 끝 윗부분을 위 앞니 끝부분에 접촉시켜 발음한다.
좌(الظاء)의 한국어 음가는 지읒(ㅈ) 으로 표기하였다.

✱ 모음기호의 음가에 따라 다음을 읽으시오.

ظْ	ظِ	ظُ	ظَ	ظا ظو ظي	ـظْ	ـظِـ	ظُـ	ظَ
(즈)	(쥐)	(주)	(좌)	＊장모음 붙여 읽기	어미형	중간형	머리형	독립형

18. 아인 (العين)

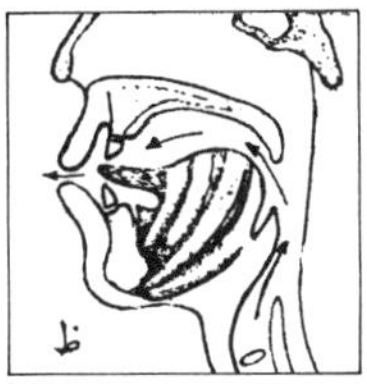

앞서 설명한 하(ح)보다도 더 깊은 목구멍 중간부분에서 나오는 발음이다.
아인(العين)의 한국어 음가는 이응(ㅇ) 으로 표기하였다.

✱ 모음기호의 음가에 따라 다음을 읽으시오.

عْ	عِ	عُ	عَ	عا عو عي	ـعْ	ـعِـ	عُـ	عَ
(으)	(이)	(우)	(아)	＊장모음 붙여 읽기	어미형	중간형	머리형	독립형

19. 가인 (الغين)

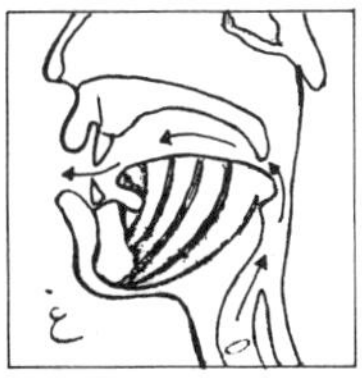

앞서 소개한 카(خ)를 발음할 때보다 약간 깊은 목젖 부근에서 목의 양쪽을 마찰시켜 내는 소리다. 양치질 할 때 목을 물로 가시는 소리와 비슷하다.
가인(الغين)의 한국어 음가는 기역(ㄱ) 으로 표기하였다.

✱ 모음기호의 음가에 따라 다음을 읽으시오.

غْ	غِ	غُ	غَ	غي	غو	غا	ـغْ	ـغِـ	غُـ	غَ
(그)	(기)	(구)	(가)		*장모음 붙여 읽기		어미형	중간형	머리형	독립형

20. 파 (الفاء)

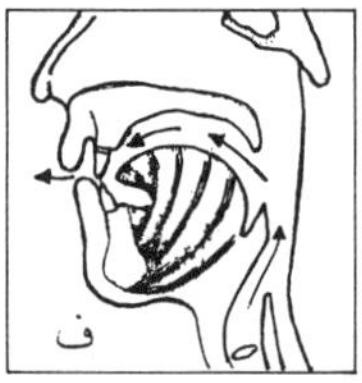

아래 입술을 윗니 끝부분과 접촉시켜 내는 소리로 영어 f 발음이 이와 유사하다.
파(الفاء)의 한국어 음가는 피읖(ㅍ) 으로 표기하였다.

✱ 모음기호의 음가에 따라 다음을 읽으시오.

فْ	فِ	فُ	فَ	في	فو	فا	ـفْ	ـفِـ	فُـ	فَ
(프)	(피)	(푸)	(파)		*장모음 붙여 읽기		어미형	중간형	머리형	독립형

21. 까프 (القاف)

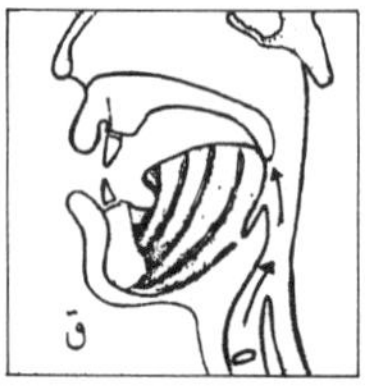

혀를 목젖 부근으로 잡아당겨 내는 소리로 카프(الكاف)보다 앞쪽에서 발음한다.
까프(القاف)의 한국어 음가는 쌍기역(ㄲ) 으로 표기하였다.

✱ 모음기호의 음가에 따라 다음을 읽으시오.

قْ	قِ	قُ	قَ	قي	قو	قا	ـقْ	ـقِـ	قُـ	قَ
(끄)	(끼)	(꾸)	(까)		*장모음 붙여 읽기		어미형	중간형	머리형	독립형

22. 카프 (الكاف)

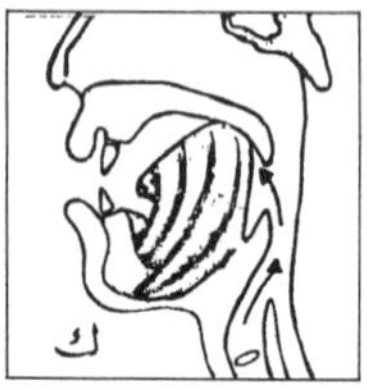

혀를 목젖 부분으로 잡아당겨 발음하다. 까프(القاف)보다 가볍게 발음되며 목구멍 깊숙이서 나오는 소리로 '칼' 을 발음 할 때의 발음과 유사하다.
카프(الكاف)의 한국어 음가는 키읔(ㅋ) 으로 표기하였다.

✱ 모음기호의 음가에 따라 다음을 읽으시오.

كْ	كِ	كُ	كَ	كا كو كي	ـكْ	ـكِـ	كُـ	كَ
(크)	(키)	(쿠)	(카)	*장모음 붙여 읽기	어미형	중간형	머리형	독립형

23. 람 (اللام)

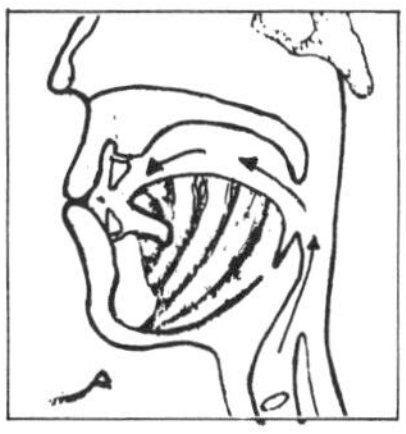

혀 끝을 위 앞니 잇몸 약간 안쪽에 접착시켜 라(ر)를 발음할 때보다 여리게 발음한다. 한국어 '빨리 빨리' 를 발음할 때 나는 소리와 유사하다. 람(اللام)의 한국어 음가는 리을(ㄹ) 로 표기하였다.

✱ 모음기호의 음가에 따라 다음을 읽으시오.

لْ	لِ	لُ	لَ	لا لو لي	ـلْ	ـلِـ	لُـ	لَ
(르)	(리)	(루)	(라)	*장모음 붙여 읽기	어미형	중간형	머리형	독립형

24. 밈 (الميم)

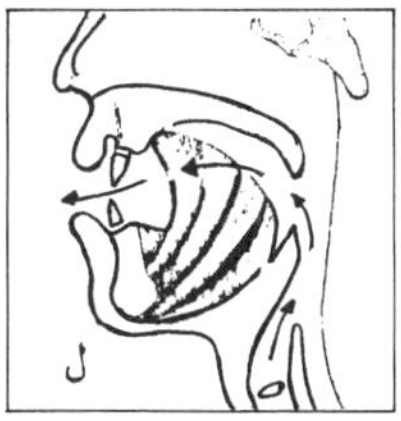

양쪽 입술을 붙여서 발음한다.
밈(الميم)의 한국어 음가는 미음(ㅁ) 으로 표기하였다.

✱ 모음기호의 음가에 따라 다음을 읽으시오.

مْ	مِ	مُ	مَ	ما مو مي	ـمْ	ـمِـ	مُـ	مَ
(므)	(미)	(무)	(마)	*장모음 붙여 읽기	어미형	중간형	머리형	독립형

25. 눈 (النون)

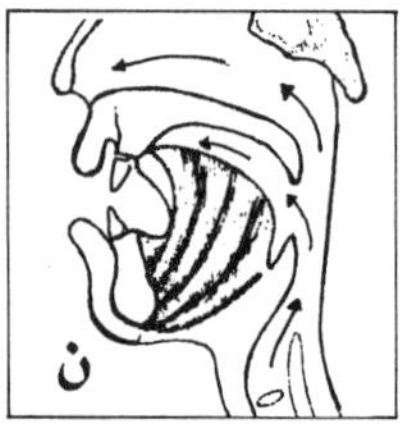

혀 끝을 이 앞니 잇몸에 붙여 발음한다.
눈(النون)의 한국어 음가는 니은(ㄴ) 으로 표기하였다.

✱ 모음기호의 음가에 따라 다음을 읽으시오.

نْ نِ نُ نَ	ني نو نا	ـنْ ـنِـ نُـ نَ
(느) (니) (누) (나)	*장모음 붙여 읽기	어미형 중간형 머리형 독립형

26. 하 (الهاء)

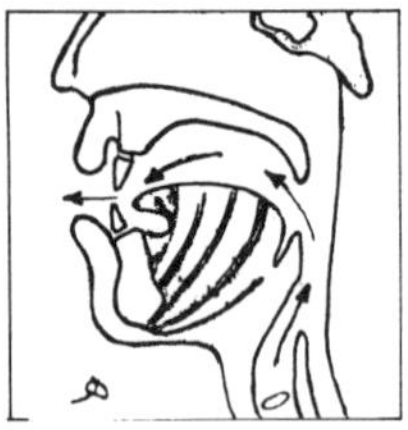

목구멍 가장 깊은 곳에서 가장 약하게 발음되는 후음이다.
하(الهاء)의 한국어 음가는 히읗(ㅎ) 으로 표기하였다.

✱ 모음기호의 음가에 따라 다음을 읽으시오.

هْ هِ هُ هَ	هي هو ها	ـهْ ـهِـ هُـ هَ
(흐) (히) (후) (하)	*장모음 붙여 읽기	어미형 중간형 머리형 독립형

27. 와우 (الواو)

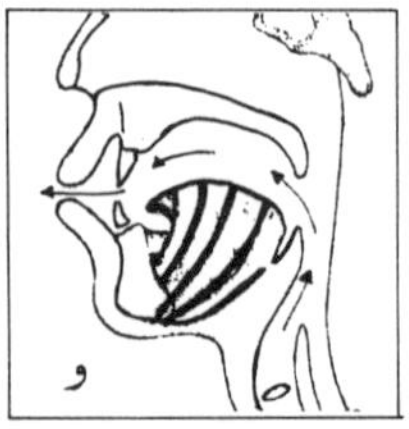

입 주둥이를 한데 모아 버렸다가 다시 오므리면서 발음한다.
와(الواو)의 한국어 발음은 이응(ㅇ) 으로 표기하였다.

✱ 모음기호의 음가에 따라 다음을 읽으시오.

وْ	وِ	وُ	وَ	وا وو وي	ـوْ	ـوِ	وُ	وَ
(우)	(위)	(우)	(와)	*장모음 붙여 읽기	어미형	중간형	머리형	독립형

28. 야 (الياء)

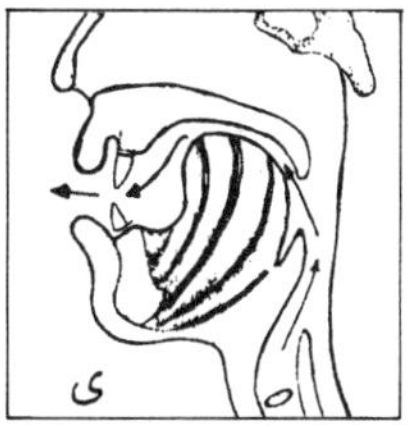

혀 뒤의 부분을 입천장 가까이 한 상태에서 발음한다.
야(الياء)의 한국어 음가는 이응(ㅇ) 으로 표기하였다.

✱ 모음기호의 음가에 따라 다음을 읽으시오.

يْ	يِ	يُ	يَ	يا يو يي	ـيْ	ـيـِ	يـُ	يَ
(이)	(이)	(유)	(야)	*장모음 붙여 읽기	어미형	중간형	머리형	독립형

처음 뵙겠습니다. فرصة سعيدة

3
الدرس

처음 만났을 때 주고받는 '푸르싸 싸이-다' 인사말을 시작으로 독립형 철자로 배열된 단어들을 소리 내어 읽고 그 뜻을 암기하며 쓰기연습을 한다. 가장 빠르고 정확한 글쓰기 공부는 철자나 단어 위에 덮어쓰기를 한 후 선을 따라 써보기 연습을 한다. 아랍어에는 묵음이 없어 소리 나는 대로 쓰여 진다. 그래서 철자를 암기할 필요가 없다.

المحادثة

مجنون : فرصة سعيدة

푸르싸툰 싸이-다

마즈눈: 처음 뵙겠습니다.

ليلى : فرصة سعيدة

푸르싸툰 싸이-다

라일라: 처음 뵙겠습니다.

مجنون : إلى اللقاء

일랄 리까-아

마즈눈: 또 뵙겠습니다.

ليلى : إلى اللقاء

일랄 리까-아

라일라: 또 뵙겠습니다.

الحروف والنطق

독립형 철자로 배열된 단어와 뜻

كَ تَ بَ

(카타바: 글을 쓰다)

قَ رَ أَ

(까라아: 글을 읽다)

نَ بَ تَ

(나바타: 나무가 자라다)

رَ كَ زَ

(라카자: 꽂다, 세우다)

نَ شَ رَ

(나솨라: 베다, 자르다)

كَ سَ رَ

(카싸라: 깨뜨리다)

غَ رَ سَ

(가라싸: 심다)

زَ رَ عَ

(자라아: 경작하다)

خَ بَ زَ

(카바자: 빵을 굽다)

سَ بَ حَ

(싸바하: 수영하다)

أَ كَ لَ

(아칼라: 먹다)

جَ لَ سَ

(잘라싸: 앉다)

حَ زَ مَ

(하자마: 묶다)

بَ ذَ رَ

(바자라: 씨를 뿌리다)

دَ خَ لَ

(다칼라: 들어가다)

رَ فَ عَ

(라파아: 들어올리다)

طَ لَ عَ

(딸라아: 떠오르다)

نَ ظَ رَ

(나좌라: 보다)

وَ زَ نَ

(와자나: 무게를 달다)

حَ رَ ثَ

(하라싸: 쟁기로 땅을 일구다)

قَ رَ ضَ

(까라돠: 갉아먹다)

حَ صَ دَ

(하솨다: 수확하다)

هَ دَ مَ

(하다마: 허물다)

يَ نَ عَ

(야나아: 잘 익다)

الموضوع الثاني

실험실에서 실험하고 있는 학생들

الطلاب في المختبر

학문추구에 열중하고 있는 학생

الطالب يجتهد في طلب العلم

실험실에 실험하고 있는 교수와 학생들

الأستاذ والطلاب في المختبر

الموضوع الثاني

2

아랍어 문법

아랍어 단어에는 묵음도 없고 받침도 없다. 영어는 단어에 묵음이 있어 단어의 철자 하나 하나를 암기해야 되지만 아랍어 단어에는 묵음이 없기 때문에 철자를 암기할 필요가 없어 철자를 암기해야 하는 다른 언어에 비해서 쉽다. 또 받침이 없기 때문에 받침이 많은 한글에 비해 쓰기가 쉽고, 철자가 오는 위치에 따라 변형되는 철자가 많아 철자 28개를 익히는데 다소 시간이 걸리지만 몇 개의 철자를 제외하고는 철자와 철자가 연결되어 단어가 형성되기 때문에 쓰기가 빠르다는 장점과 소리 나는 대로 쓰여지기 때문에 쓰기가 쉽다는 장점도 갖고 있다.

한편 아랍어가 어렵게 느껴지는 것 중에 하나는 단어에 모음기호가 없으면 단어를 읽을 수도 없고 암기할 수도 없다는 점이다.

유치원이나 초등학교 등 초보자를 위한 교재 외에 책, 신문, 잡지 등 거의 모든 아랍 인쇄물에는 모음기호를 붙이지 않는다. 아랍 역사이래 책 한 권의 전체 단어에 모음기호가 있는 책은 꾸란 책 뿐이다. 이러한 이유로 아랍 문법 역시 꾸란 문장구조의 영향을 절대적으로 받고 있으며 1400년 전의 문장구조가 오늘날까지 아랍문법의 중추적 역할을 하고 있다는 점에서 꾸란을 모르는 사람들은 아랍문법을 어렵게 느낄 수 밖에 없다.

좋은 아침이에요. صباح الخير

4
الدرس

오전 인사말 '사바-훌 카이르'를 시작으로 독립형 철자가 연결된 단어 읽기와 그 뜻을 익히면서 철자와 단어 위에 덮어쓰기를 해본 후에 점선을 따라 써보기 실습을 한다.

المحادثة

مجنون : صباح الخير
사바-훌 카이르
마즈눈 : 좋은 아침이에요

ليلى : صباح النور
사바-훈 누-르
라일라 : 그래요, 아침햇살이 좋아요

مجنون : مع السلامة
마아 쌀라-마
마즈눈 : 안녕히 계세요.

ليلى : مع السلامة
마아 쌀라-마
라일라 : 안녕히 가세요.

القواعد

한글 모음에 해당하는 아랍어 모음기호(الحركات : 알하라카-트) 중에 파트하(الفتحة)가 있으며 파트하는 다시 단모음 기능의 파트하(فتحة قصيرة : 파트하툰 까시-라)와 장모음 기능의 파트하(فتحة طويلة : 파트하툰 따윌-라)가 있다. 그 형태는 다음과 같다.

1) 단모음 기능의 파트하(ـَ)

ضَرَبَ : (돠라바) 그가 때렸다.
فَتَحَ : (파타하) 그가 열었다.
نَصَرَ : (나솨라) 그가 승리했다.

2) 장모음 기능의 파트하(ـَا)

ضَارَبَ : (돠-라바) 다투다, 투기하다.
فَاتَحَ : (파-타하) 정복하다.
نَاصَرَ : (나-솨라) 지지하다, 수호하다.

الحروف والنطق

독립형 철자로 배열된 단어 및 연결된 단어 읽기와 뜻

كَ تَ بَ كَتَبَ

ك ت ب كتب

(카타바: 글을 쓰다)

سَ بَ كَ سَبَكَ

س ب ك سبك

(싸바카: 녹여 주조하다)

حَ كَ مَ　حَكَمَ

ح ك م　حكم

(하카마: 통치하다)

غَ طَ سَ　غَطَسَ

غ ط س　غطس

(가똬싸: 가라앉다)

ضَ بَ طَ　ضَبَطَ

ض ب ط　ضبط

(되바따: 붙잡다)

طَ لَ عَ　طَلَعَ

ط ل ع　طلع

(딸라아:떠오르다)

خَ ضَ عَ　خَضَعَ

خ ض ع　خضع

(카돠아: 순종하다)

هَ جَ مَ　هَجَمَ

ه ج م　هجم

(하자마: 공격하다)

نَ هَ ضَ　نَهَضَ

ن ه ض　نهض

(나하돠: 부흥하다)

سَ عَ لَ　سَعَلَ

س ع ل　سعل

(싸알라: 기침하다)

غَ لَ بَ　غَلَبَ

غ ل ب　غلب

(갈라바: 정복하다)

سَ مَ رَ　سَمَرَ

س م ر　سمر

(싸마라: 밤을 지새우다)

مَ سَ حَ   مَسَحَ

م س ح   مسح

(마싸하: 측량하다)

ثَ بَ تَ   ثَبَتَ

ث ب ت   ثبت

(싸바타: 확고부동하다)

صَ فَ حَ   صَفَحَ

ص ف ح   صفح

(쇠파하: 용서하다)

أَ مَ رَ   أَمَرَ

ا م ر   امر

(아마라: 명령하다)

أَ كَ لَ   أَكَلَ

ا ك ل   اكل

(아칼라: 먹다)

فَ قَ سَ   فَقَسَ

ف ق س   فقس

(파까싸: 부화하다)

شَ غَ لَ   شَغَلَ

ش غ ل   شغل

(샤갈라: 일감을 주다)

ظَ هَ رَ   ظَهَرَ

ظ ه ر   ظهر

(좌하라: 나타나다)

أَ خَ ذَ   أَخَذَ

ا خ ذ   اخذ

(아카자: 가져가다)

دَ فَ عَ   دَفَعَ

د ف ع   دفع

(다파아: 물리치다)

دَ خَ لَ دَخَلَ

د خ ل دخل

(다칼라: 들어가다)

ذَ كَ رَ ذَكَرَ

ذ ك ر ذكر

(자카라: 언급하다)

ذَ بَ حَ ذَبَحَ

ذ ب ح ذبح

(자바하: 허리를 굽히다)

رَ سَ مَ رَسَمَ

ر س م رسم

(라싸마: 그림을 그리다)

زَ جَ رَ زَجَرَ

ز ج ر زجر

(자자라: 저지하다)

دَ عَ سَ دَعَسَ

د ع س دعس

(다아싸: 짓밟다)

ذَ هَ بَ ذَهَبَ

ذ ه ب ذهب

(자하바: 가다)

رَ كَ عَ رَكَعَ

ر ك ع ركع

(라카아: 잠자리에 들다)

زَ عَ مَ زَعَمَ

ز ع م زعم

(자아마: 결심하다)

زَ عَ قَ زَعَقَ

ز ع ق زعق

(자아까: 비명을 지르다)

وَ قَ فَ   وَقَفَ

(와까파: 멈추어 서다)

وَ هَ بَ   وَهَبَ

(와하바: 희사하다)

سَ أَ لَ   سَأَلَ

(싸알라: 질문하다)

وَ سَ مَ   وَسَمَ

(와싸마: 낙인을 찍다)

مَ زَ جَ   مَزَجَ

(마자자: 혼합하다)

قَ رَ عَ   قَرَعَ

(까라아: 톡톡 두드리다)

قَ ذَ فَ   قَذَفَ

(까자파: 비방하다)

خَ دَ مَ   خَدَمَ

(카다마: 봉사하다)

قَ رَ أَ   قَرَأَ

(까라아: 읽다)

감사해요. شكرا

5 الدرس

감사하다는 '슈크란'과 오후 인사 '마싸-울 카이르' 표현을 시작으로 3개의 철자로 연결된 단어에 모음기호 (-ㅏ, -ㅏ, -ㅏ)가 있는 단어 읽기와 그 의미 익히기, 그리고 단어 덮어쓰기 공부를 한다.

المحادثة

مجنون : مساء الخير
마싸-울 카이르
마즈눈: 좋은 오후 되기 바래요

ليلى : مساء النور
마싸-운 누-르
라일라: 당신도 좋은 오후 되세요

مجنون : شكرا
슈크란
마즈눈: 감사해요.

ليلى : عفوا
아프완
라일라: 천만에요.

الحروف والنطق

3개의 철자로 구성된 단어 읽기와 뜻

قَرَأَ وَ كَتَبَ

(까라아 와 카타바: 읽고 쓰다)

طَلَعَ وَ نَزَلَ

(딸라아 와 나잘라: 오르고 내리다)

رَكَعَ وَ سَجَدَ

(라카아 와 싸자다: 구부리고 엎드리다)

فَرَشَ وَ رَقَدَ

(파라샤 와 라까다: 자리를 깔고 눕다)

طَبَخَ وَ أَكَلَ

(따바카 와 아칼라: 요리하여 먹다)

وَقَفَ وَ نَظَرَ

(와까파 와 나좌라: 서서 보다)

دَرَسَ وَ نَجَحَ

(다라싸 와 나자하: 공부하여 성공하다)

غَسَلَ وَ نَشَرَ

(가쌀라 와 나샤라: 세탁하여 널다)

فَتَحَ وَ أَخَذَ

(파타하 와 아카자: 열고 가져오다)

سَقَطَ وَ نَهَضَ

(싸까따 와 나하돠: 넘어져 일어나다)

سَبَحَ وَ غَطَسَ

(싸바하 와 가똬싸: 수영하다 물에 잠기다)

ذَهَبَ وَ رَجَعَ

(자하바 와 라자아: 갔다가 돌아오다)

صَبَرَ وَ ظَفَرَ

(쏴바라 와 좌파라: 인내하여 성공하다)

جَمَعَ وَ رَبَطَ

(자마아 와 라바똬: 모아서 묶다)

وَثَبَ وَ قَطَفَ

(와싸바 와 까똬파: 달려들어 꺾다)

دَخَلَ وَ خَرَجَ

(다칼라 와 카라자: 들어가고 나오다)

رَفَعَ وَ حَمَلَ

(라파아 와 하말라: 들어서 올리다)

وَجَدَ وَ مَنَحَ

(와자다 와 마나하: 찾아서 주다)

زَرَعَ وَ حَصَدَ

(자라아 와 하솨다: 재배하여 수확하다)

رَكَضَ وَ قَفَزَ

(라카돠 와 까파자: 뛰어서 넘다)

مَسَكَ وَ قَطَعَ

(마싸카 와 까똬아: 잡고 자르다)

وَزَنَ وَ حَزَمَ

(와자나 와 하자마: 무게를 달아 묶다)

صَنَعَ وَ ضَبَطَ

(솨나아 와 돠바똬: 만들어 검사하다)

عَرَفَ وَ شَكَرَ

(아라파 와 쇠카라: 알고 감사드리다)

어떻게 지내세요? كيف حالك ؟

6 الدرس

안부를 묻는 '카이파 할-루카?'와 답변 '비카이르, 알함두릴라' 표현을 시작으로 3개의 철자로 연결된 단어에 모음기호 (-ㅏ, -ㅣ, -ㅏ)가 있는 단어 읽기와 그 의미 익히기, 그리고 단어 덮어쓰기를 공부한다.

المحادثة

مجنون : كيف حالك ؟

카이파 할-루키?

마즈눈: 어떻게 지내세요?

ليلى : بخير والحمد لله

비카이르 왈함두릴라

라일라: 하나님 덕분에 잘 지내요.

وكيف حالك ، أنت ؟

와 카이파 할-루카, 안타?

그런데 당신은 어떻게 지내세요?

مجنون : أنا بخير والحمد لله

아나 비카이르 왈함두릴라

마즈눈: 저도 하나님 덕분에 잘 지내요.

القواعد

한글 모음에 해당하는 아랍어 모음기호(الحركات : 알하라카-트) 중에 카쓰라(الكسرة)가 있으며 카쓰라는 다시 단모음 기능의 카쓰라(كسرة قصيرة : 카쓰라툰 까시-라)와 장모음 기능의 카쓰라(كسرة طويلة : 카쓰라툰 따윌-라)가 있다. 그 형태는 다음과 같다.

1) 단모음 기능의 카쓰라(ـِ)

سعِد : (싸이다) 그는 행복했다.
علِم : (알리마) 그는 알았다.
سمِع : (싸미아) 그는 들었다.

2) 장모음 기능의 카쓰라(ـِيـ 또는 ى)

سعيد : (싸이-둔) 행복한
عليم : (알리-문) 알고 있는, 아시는 분
سميع : (싸미-운) 듣는, 청취자

الحروف والنطق

3개의 철자로 구성된 단어 읽기와 뜻

لَحِقَ	لَعِبَ	تَعِبَ	مَرِضَ
(라히까: 따라잡다)	(라이바: 운동하다)	(타이바: 지치다)	(마리돠: 아프다)

نَشِطَ (나쉬똬) 근면하다	عَلِمَ (알리마) 알다	سَمِعَ (싸미아) 듣다	صَحِبَ (쏴히바) 동행하다
قَبِلَ (까빌라) 맞이하다	لَقِيَ (라끼야) 만나다	غَرِقَ (가리까) 침몰하다	نَدِمَ (나디마) 후회하다
أَسِفَ (아씨파) 애석해하다	فَهِمَ (파히마) 이해하다	وَسِعَ (와씨아) 넓다	سَهِرَ (싸히라) 밤을 새우다

ضَحِكَ	فَرِحَ	رَغِبَ	عَطِشَ
ضحك	فرح	رغب	عطش
(돠히카) 웃다	(파리하) 기뻐하다	(라기바) 바라다	(아띠샤) 목마르다
نَضِجَ	نَسِيَ		
نضج	نسي		
(나뒤자) 무르익다	(나씨야) 잊다		

나의 친구... 나의 애인... هذا صديقي وحبيبي

7
الدرس

나의 친구 '사디-끼'와 나의 애인 '하비-비' 소개를 시작으로 3개의 철자로 연결된 단어에 모음기호 (- ㅜ, - ㅣ, - ㅏ)가 있는 수동태 단어 읽기와 그 의미 익히기, 그리고 단어 덮어쓰기 공부를 한다.

المحادثة

مجنون : من هذا ؟

만 하다?

마즈눈: 이는 누구이지요?

ليلى : هذا صديقي

하다 사디-끼

라일라: 이는 나의 친구에요.

مجنون : ومن هذا ؟

와 만 하다?

마즈눈: 그리고 이는 누구에요?

ليلى : هذا حبيبي

하-다 하비-비

라일라: 이는 나의 애인이에요.

الحروف والنطق

3개의 철자로 구성된 수동태 단어 읽기와 뜻[모음기호: 우-이-아]

فُتِحَ
فتح
(푸티하: 열리다)

مُسِكَ
مسك
(무씨카: 잡히다)

قُفِلَ
قفل
(꾸필라: 잠기다)

رُبِطَ
ربط
(루비똬: 매여 있다)

تُرِكَ
تُرِكَ
(투리카)
버려지다

نُظِرَ
نُظِرَ
(누쥐라)
감시되다

عُلِمَ
عُلِمَ
(울리마)
알려지다

صُرِفَ
صُرِفَ
(수리파)
소비되다

رُزِقَ
رُزِقَ
(루지까)
양식을 받다

أُذِنَ
أُذِنَ
(우지나)
허락되다

그대의 밤이 행복하길! ليلتك سعيدة

8
الدرس

하루의 행복을 기원하는 '나하-루카 싸이-드' 표현과 밤의 행복을 기원하는 '라일라투키 싸이-다' 표현을 시작으로 여성어미가 붙은 단어 읽기와 그 의미 익히기, 그리고 단어 덮어쓰기 공부를 한다.

المحادثة

ليلى : أنا ليلة

아나 라일라

라일라: 나는 라일라(밤)에요.

مجنون : أنا نهار

아나 나하-르

마즈눈 : 나는 나하-르(낮)에요.

ليلى : نهارك سعيد

나하-루카 싸이-드

라일라 : 그대의 하루가 행복하길!

مجنون : ليلتك سعيدة

라일라투키 싸이-다

마즈눈 : 그대의 밤이 행복하길!

الحروف والنطق

과거시제 여성어미와 현재시제 여성어미

قَرَأَتْ

(까라아트)
(그녀가) 읽었다

أَخَذَتْ

(아카자트)
(그녀가) 가져갔다

سَلِمَتْ

(쌀리마트)
그녀가 무사했다

سَقَطَتْ

(싸까똬트)
그녀가 넘어졌다

تَعِبَتْ

(타이바트)
그녀가 지쳤다

نَشَرَتْ

(나샤라트)
그녀가 퍼트렸다

عَصَرَتْ

(아솨라트)
그녀가 주스를 만들었다

غَسَلَتْ

(가쌀라트)
그녀가 씻었다

تَطْبُخُ

(따뜨부쿠)
(그녀가) 요리하고 있다

تَغْرِفُ

(타그리푸)
(그녀가) 국자로 퍼내고 있다

تَنْزِلُ

(탄질루)
(그녀가 내려오다)

تَكْنِسُ

(타크니쑤)
(그녀가 쓸다)

تَصْعَدُ

(타스아두)
(그녀가 올라가다)

현재시제, 명령형 동사 읽기 및 뜻

يَحْصُدُ

(야흐수두)
(그가 수확하다)

يَبْذُرُ

(야브주루)
(그가 씨앗을 뿌리다)

يَحْرُثُ

(야흐루쑤)
(그가 땅을 일구다)

اقْرَأْ

اقْرَأْ

(이끄라으)

(읽으시오)

اكْتُبْ

اكْتُبْ

(우크툽)

(쓰시오)

قِفْ

قِفْ

(끼프)

(멈추시오)

اقْفِزْ

اقْفِزْ

(이끄피즈)

(뛰어오르시오)

ارْفَعْ

ارْفَعْ

(이르파으)

(올리시오)

خُذْ

خُذْ

(쿠즈)

(가지시오)

나는 땅, 당신은 하늘 أنا أرض وأنت سماء

9
الدرس

당신은 땅, '안타 아르드' 그리고 나는 하늘, '아나 싸마' 표현과 알리프 장모음(-ㅏ~), 야 장모음(-ㅣ~), 와우 장모음(-ㅜ~)이 있는 단어 읽기와 의미 익히기, 그리고 단어 덮어쓰기 공부를 한다.

المحادثة

ليلى : أنت شمس

안타 샴쓰

라일라 : 당신은 태양

وأنا قمر

와 아나 까마르

그리고 나는 달

مجنون : أنت أرض

안티 아르드

마즈눈 : 당신은 땅

وأنا سماء

와 아나 싸마-아

그리고 나는 하늘

القواعد

한글 모음에 해당하는 아랍어 모음기호(الحركات : 알하라카-트) 중에 담마(الضمة)가 있으며 담마는 다시 단모음 기능의 담마(ضمة قصيرة : 담마툰 까시-라)와 장모음 기능의 담마(ضمة طويلة : 담마툰 따윌-라)가 있다. 그 형태는 다음과 같다.

1) 단모음 기능의 담다(ـُ)
عُلِم : (울리마) 이해되었다.
سُمِع : (쑤미아) 청취되었다.
ضُرِب : (두리바) 매를 맞았다, 발사되었다.

2) 장모음 기능의 담마(ـو)
معلوم : (마을루-문) 알려진, 주지된
مسموع : (마쓰무-운) 들리는, 풍문, 뜬 소문
مضروب : (마드루-분) 얻어 맞은

الحروف والنطق

알리프 [아] 장모음이 있는 단어 읽기와 뜻

خَاطَتْ	نَامَتْ	صَادَ	طَارَ
خاطت	نامت	صاد	طار
(카-따트)	(나-마트)	(솨-다)	(따-라)
(그녀가) 바느질하였다.	(그녀가) 잠을 잤다.	(그가) 사냥하였다	(새가) 날았다.

تَابَعَ	حَافَظَ	صَافَحَ	بَادَرَ
تابع	حافظ	صافح	بادر
(타-바아) (그가) 따랐다	(하-파좌) (그가) 암기하였다	(쏴-파하) (그가) 악수하였다	(바-다라) (그가) 앞섰다

قَامَتْ	صَامَتْ	تُذَاكِرُ	تُطَالِعُ
قامت	صامت	تذاكر	تطالع
(까-마트) (그녀가) 일어섰다	(쏴-마트) (그녀가) 침묵을 지켰다	(투자-키루) (그녀가) 외우고 있다	(투딸-리우) (그녀가) 살피고 있다

سَلْمَانُ	عُثْمَانُ	سُعَادُ	فَاتِنُ
سلمان	عثمان	سعاد	فاتن
(쌀마-누) 쌀마-누(이름)	(우쓰마-누) 우쓰마누(이름)	(쑤아-두) 쑤아드(이름)	(파-티누) 매력적인

야(- l) 장모임이 있는 단어 읽기와 뜻

تَخِيطُ	تَكْوِي	تَمِيلُ	يَطِيرُ
تخيط	تكوي	تميل	يطير
(타키-뚜)	(타크위)	(타밀-루)	(야띠-루)
(그녀가) 옷을 수선하고 있다	(그녀가) 다리미질하고 있다	(나무가) 기울고 있다	날고 있다
أَنْفِي	عَيْنِي	وَجْهِي	رَأْسِي
أنفي	عيني	وجهي	رأسي
(안피)	(아이니)	(와즈히)	(라으씨)
나의 코	나의 눈	나의 얼굴	나의 머리
صَوْتِي	يُعِينُ	تَغِيبُ	تُنِيرُ
صوتي	يعين	تغيب	تنير
(사우티)	(유이-누)	(타기-부)	(투니-루)
나의 목소리	돕다	결근중이다	비추고 있다

نَصِيدُ	يَطِيرُ	يَسِيرُ	يَمِيلُ
نصيد	يطير	يسير	يميل
(나시-두) 낚시하다	(야띠-루) 날다	(야씨-루) 걸어가다	(야밀-루) 기울다

와우(- ㅜ) 장모임이 있는 단어 읽기와 뜻

تَدُورُ	تَعْلُو	يَطُوفُ	يَدْعُو
تدور	تعلو	يطوف	يدعو
(타두-루) (풍차가) 돌다	(타을루-) 높이 날다	(야뚜-푸) 주변을 돌다	(야드우-) 기도하고 있다

تَعُودُ	تَزُورُ	يَجُودُ	يَسُوقُ
تعود	تزور	يجود	يسوق
(타우-두) 돌아오다	(타주-루) 방문하다	(야주-두) 개선되다	(야쑤-꾸) 운전하다

يَرْجُو	تَشْكُو	يَحْبُو	تَصْحُو
يرجو	تشكو	يحبو	تصحو
(야르주–) 바라다	(타슈쿠–) 불평하다	(야흐부–) 이어가다	(타스후–) 깨어나다
يَلْعَبُونَ	يَرْكَبُونَ	مَيْسُونُ	فَيْرُوزُ
يلعبون	يركبون	ميسون	فيروز
(얄아부–나) (그들이) 놀고 있다	(야르카부–나) (그들이) 타고 있다	(마이쑤–누) 마이쑤–누(이름)	(파이루–주) 파이루–주(이름)

당신은 공주님, 나는 왕자 أنت أميرة, وأنا أمير

10 الدرس

당신은 공주님, '안티 아미-라' 그리고 나는 왕자, '아나 아미-르' 표현과 14개의 달문자가 연결된 단어와 명사문장 및 의미 익히기, 그리고 단어 덮어쓰기 공부를 한다.

المحادثة

مجنون : أنت أميرة

안티 아미-라

마즈눈: 당신은 공주님

وأنا أمير

와 아나 아미-르

나는 왕자

ليلى : أنت مجنون

안타 마즈눈

라일라: 당신은 마즈눈

وأنا ليلى

와 아나 라일라

그리고 나는 라일라

القواعد

샷다(الشدة : ـّ)는 파트하와 함께 오기도 하고 카쓰라와 함께 오기도 하고 담마와 함께 오기도 한다.

1) 샷다가 파트하와 함께 올 때의 형태(ـَّ)

دَرَّسَ : (다르라싸) 가르치다.

عَيَّنَ : (아이야나) 상술하다.

غَرَّقَ : (가르라까) 물에 빠뜨리다.

2) 샷다가 카쓰라와 함께 올 때의 형태(ـِّ)

يُدَرِّسُ : (유다르리쑤) 가르치고 있다.

يُعَيِّنُ : (유아이이누) 상술하고 있다.

يُغَرِّقُ : (유가르리꾸) 물에 빠뜨리고 있다.

3) 샷다가 담마와 함께 올 때의 형태(ـُّ)

يَمُدُّ : (야뭍두) 내밀다, 늘리다.

يَسُبُّ : (야숩부) 비난하다, 헐뜯다.

يَجُرُّ : (야주르루) 끌다, 끌어당기다.

الحروف والنطق

달문자

1. 형제(아쿤)

اَلْأَخُ حَنُونٌ 그 형제는 인자하다. (알아쿠 하누-눈)

أَخٌ. اَلْأَخُ صادقٌ 그 형제는 진실하다. (알아쿠 사-디꾼)

اَلْأَخُ مُخْلِصٌ 그 형제는 정직하다. (알아쿠 무클리순)

2. 바다(바흐룬)

اَلْبَحْرُ هَائِجٌ 그 바다는 파도가 일고 있다. (알바흐루 하-이준)

بَحْرٌ. اَلْبَحْرُ مالِحٌ 그 바다는 소금기가 있다. (알바흐루 말-리훈)

اَلْبَحْرُ عَميقٌ 그 바다는 깊다. (알바흐루 아미-꾼)

3. 산(자발룬)

اَلْجَبَلُ عَالٍ	그 산은 높다. (알자발루 알-린)
جَبَلٌ. اَلْجَبَلُ كَبِيرٌ	그 산은 크다. (알자발루 카비-룬)
اَلْجَبَلُ مُرْتَفِعٌ	그 산은 높이 솟아 있다. (알자발루 무르타피운)

4. 정원(하디-카툰)

اَلْحَدِيقَةُ وَاسِعَةٌ	그 정원은 넓다. (알하디-까투 와-씨아툰)
حَدِيقَةٌ. اَلْحَدِيقَةُ مُزْهِرَةٌ	그 정원은 화려하다. (알하디-까투 무즈히라툰)
اَلْحَدِيقَةُ جَمِيلَةٌ	그 정원은 아름답다. (알하디-까투 자밀-라툰)

5. 양(카루-푼)

اَلْخَرُوفُ سَمِينٌ	그 양은 살이 많다. (알카루-푸 싸미-눈)
خَرُوفٌ اَلْخَرُوفُ كَبِيرٌ	그 양은 크다. (알카루-푸 카비-룬)
اَلْخَرُوفُ أَلِيفٌ	그 양은 온순하다. (알카루-푸 알리-푼)

6. 포도(에이나분)

اَلْعِنَبُ لَذِيذٌ	그 포도는 맛있다. (알에이나부 라지-준)
عِنَبٌ اَلْعِنَبُ أَحْمَرُ	그 포도는 붉다. (알에이나부 아흐마루)
اَلْعِنَبُ حُلْوٌ	그 포도는 달다. (알에이나부 훌운)

7. 가젤(가잘-룬)

اَلْغَزَالُ جَمِيلٌ	그 가젤은 아름답다. (알가잘-루 자밀-룬)
غَزَالٌ. اَلْغَزَالُ لَطِيفٌ	그 가젤은 귀엽다. (알가잘-루 라띠-푼)
اَلْغَزَالُ رَشِيقٌ	그 가젤은 민첩하다. (알가잘-루 라쉬-꾼)

8. 도끼(파우쑨)

اَلْفَأْسُ قَاطِعَةٌ	그 도끼는 예리하다. (알파으쑤 까-띠아툰)
فَأْسٌ. اَلْفَأْسُ ثَقِيلَةٌ	그 도끼는 무겁다. (알파으쑤 싸낄-라툰)
اَلْفَأْسُ حَادَّةٌ	그 도끼는 날카롭다. (알파으쑤 핫-다툰)

9. 달(까마룬)

اَلْقَمَرُ طَالِعٌ	그 달이 떠 있다. (알까마루 딸-리운)
قَمَرٌ. اَلْقَمَرُ مُنِيرٌ	그 달은 빛나고 있다. (알까마루 무니-룬)
اَلْقَمَرُ سَاطِعٌ	그 달은 찬란하다. (알까마루 싸-띠운)

10. 컵(카으쑨)

اَلْكَأْسُ نَظِيفٌ	그 컵은 깨끗하다. (알카으쑤 나지-푼)
كَأْسٌ. اَلْكَأْسُ فَارِغٌ	그 컵은 비어있다. (알카으쑤 파-리군)
اَلْكَأْسُ جَمِيلٌ	그 컵은 예쁘다. (알카으쑤 자밀-룬)

11. 비(마따룬)

اَلْمَطَرُ غَزِيرٌ
그 비가 풍부하다.
(알마따루 가지-룬)

مَطَرٌ. اَلْمَطَرُ نَافِعٌ
그 비는 이롭다.
(알마따루 나-피운)

اَلْمَطَرُ مُفِيدٌ
그 비는 유익하다.
(알마따루 무피-둔)

12. 고양이(알히르루)

اَلْهِرُّ أَلِيفٌ
그 고양이는 온순하다.
(알히르루 알리-푼)

هِرٌّ. اَلْهِرُّ جَمِيلٌ
그 고양이는 예쁘다.
(알히르루 자밀-룬)

اَلْهِرُّ لَطِيفٌ
그 고양이는 귀엽다.
(알히르루 라띠-푼)

13. 계곡(와-디)

اَلْوَادِي سَحِيقٌ
그 계곡은 깊다.
(알와-디 싸히-꾼)

وَادِي اَلْوَادِي طَوِيلٌ
그 계곡은 길다.
(알와-디 따윌-룬)

اَلْوَادِي عَمِيقٌ
그 계곡은 깊다.
(알와-디 아미-꾼)

14. 샘터(얀부-운)

اَلْيَنْبُوعُ صَافٍ
그 상류의 물은 깨끗하다.
(알얀부-우 사-핀)

يَنْبُوعٌ. اَلْيَنْبُوعُ حُلْوٌ
그 상류의 물은 달콤하다.
(알얀부-우 훌운)

اَلْيَنْبُوعُ مُتَدَفِّقٌ
그 상류의 물이 솟구치다.
(알얀부-우 무타닷피꾼)

나는 당신을 사랑해! أنا أحبك

11 الدرس

나는 당신을 사랑해, '아나 우힙부키' 그리고 하나님이여! 제발 말려주소서, '아우-주빌라' 표현과 14개의 태양문자가 연결된 단어와 명사문장 및 의미 익히기, 그리고 덮어쓰기 공부를 한다.

المحادثة

مجنون : أنا أحبك .

아나 우힙부키

마즈눈: 나는 당신을 사랑해

ليلى : أنت مجنون ؟

안타 마주눈?

라일라: 당신 미쳤어요?

مجنون : نعم ، أنا مجنون ليلى .

나암 아나 마즈눈 라일라

마즈눈: 그래요, 나는 라일라에 미쳤어요.

ليلى : أعوذ بالله .

아우주 빌라.

라일라: 하나님이여, 제발 말려주소서!

القواعد

※ 알와끄프(الوقف)

1) 한 단어를 읽을 때 단어의 끝 자음을 스쿤(سكون : ـْ)으로 읽는다.

وَلَدٌ : (왈라둔) —— وَلَدْ : (왈라드) 소년
قَمَرٌ : (까마룬) —— قَمَرْ : (까마르) 달
قَلَمٌ : (깔라문) —— قَلَمْ : (깔라므) 연필
خَيْرٌ : (카이룬) —— خَيْرْ : (카이르) 좋은
بَلَدٌ : (발라둔) —— بَلَدْ : (발라드) 나라

2) 단어 어미에 타마르부타(تاء مربوطة)가 오고 그 단어에 다른 단어가 연결되지 않을 때는 타마르부타의 음가가 생략되거나 'ㅎ'(ه) 발음으로 들리기도 한다.

شجرةٌ : (샤자라툰) —— شجرةْ : (샤자라) 나무
جنسيةٌ : (진씨야툰) —— جنسيةْ : (진씨야) 국적
جامعةٌ : (자-미아툰) —— جامعةْ : (자-미아) 대학교
كليةٌ : (쿨리야툰) —— كليةْ : (쿨리야) 대학
وردةٌ : (와르다툰) —— وردةْ : (와르다) 장미

الحروف والنطق

태양문자와 명사문장

1. 사과(투파-훈)

اَلتُّفَّاحُ لَذِيذٌ — 그 사과는 맛있다. (앗투파-후 라지-준)
تُفَّاحٌ. اَلتُّفَّاحُ حُلْوٌ — 그 사과는 달콤하다. (앗투파-후 훌운)
اَلتُّفَّاحُ أَحْمَرُ — 그 사과는 붉다. (앗투파-후 아흐마루)

2. 샹들리에(쑤라이야)

اَلثُّرَيَّا جَمِيلَةٌ — 그 샹들리에는 아름답다. (앗쑤라이야 자밀-라툰)
ثُرَيَّا. اَلثُّرَيَّا مُنِيرَةٌ — 그 샹들리에는 밝다. (앗쑤라이야 무니-라툰)
اَلثُّرَيَّا مُعَلَّقَةٌ — 그 샹들리에는 달려있다. (앗쑤라이야 무알라까툰)

3. 수탉(디-쿤)

اَلدِّيكُ جَمِيلٌ
دِيكٌ. اَلدِّيكُ يَصِيحُ
اَلدِّيكُ لَطِيفٌ

그 수탉은 아름답다.
(앗디-쿠 자밀-룬)
그 수탉은 울고 있다.
(앗디-쿠 야시-훈)
그 수탉은 온순하다.
(앗디-쿠 라띠-푼)

4. 여우(디으분)

اَلذِّئْبُ مُفْتَرِسٌ
ذِئْبٌ. اَلذِّئْبُ يَعْوِي
اَلذِّئْبُ مُخِيفٌ

그 여우는 사납다.
(앗디으부 무프타리쑨)
그 여우는 울부짖고 있다.
(앗디으부 야으위)
그 여우는 위협적이다.
(앗디으부 무키-푼)

5. 석류(룸마-눈)

اَلرُّمَّانُ كَبِيرٌ
رُمَّانٌ. اَلرُّمَّانُ حَامِضٌ
اَلرُّمَّانُ أَحْمَرُ

그 석류는 크다.
(아르룸마-누 카비-룬)
그 석류는 시큼하다.
(아르룸마-누 하-미둔)
그 석류는 붉다.
(아르룸마-누 아흐마루)

6. 올리브(자이투-눈)

اَلزَّيْتُونُ مُثْمِرٌ
زَيْتُونٌ. اَلزَّيْتُون مُفِيدٌ
اَلزَّيْتُون أَخْضَرُ

그 올리브들은 생산성이 높다.
(앗자이투-누 무쓰미룬)
그 올리브들은 유익하다.
(앗자이투-누 무피-둔)
그 올리브들은 푸르다.
(앗자이투-누 아크다루)

7. 칼(싸이푼)

اَلسَّيْفُ قَاطِعٌ
سَيْفٌ. اَلسَّيْفُ صَقِيلٌ
اَلسَّيْفُ لَامِعٌ

그 칼은 날카롭다.
(앗싸이푸 까-띠운)
그 칼은 윤이 난다.
(앗싸이푸 쏴낄-룬)
그 칼은 빛이 난다.
(앗싸이푸 라-미운)

8. 태양(샴쑨)

اَلشَّمْسُ مُشْرِقَةٌ
شَمْسٌ. اَلشَّمس سَاطِعَةٌ
اَلشَّمس طَالِعَةٌ

그 태양이 솟고 있다.
(앗샴쑤 무쉬리까툰)
그 태양은 눈부시다.
(앗샴쑤 싸-티아툰)
그 태양이 뜨고 있다.
(앗샴쑤 딸-리아툰)

9. 독수리(사끄룬)

اَلصَّقْرُ يَطِيرُ
صَقْرٌ. اَلصَّقْرُ مُحَلِّقٌ
اَلصَّقْرُ جَارِحٌ

그 독수리가 날고 있다.
(앗싸끄루 야띠-루)
그 독수리는 높이 떠있다.
(앗싸끄루 무할리꾼)
그 독수리는 상처가 나있다.
(앗싸끄루 자-리훈)

10. 손님(돠이푼)

اَلضَّيْفُ مُكْرَمٌ
ضَيْفٌ. اَلضَّيْفُ مَحْبُوبٌ
اَلضَّيْفُ أَنِيسٌ

그 손님은 대접을 받는다.
(앗돠이푸 무크라문)
그 손님은 사랑을 받는다.
(앗돠이푸 마흐부-분)
그 손님은 상냥하다.
(앗돠이푸 아니-쑨)

11. 어린애(띠플룬)

اَلطِّفْلُ وَدِيعٌ.	그 어린애는 얌전하다. (앗띠플루 와디-운)
طِفْلٌ. اَلطِّفْلُ ذَكِيٌّ	그 어린애는 영리하다. (앗띠플루 잣키윤)
اَلطِّفْلُ سَعِيدٌ	그 어린애는 행복하다. (앗띠플루 싸이-둔)

12. 산양(좌브윤)

اَلظَّبْيُ سَرِيعٌ	그 산양은 빠르다. (앗좌브유 싸리-운)
ظَبْيٌ اَلظَّبْيُ جَمِيلٌ	그 산양은 아름답다. (앗좌브유 자밀-룬)
اَلظَّبْيُ شَارِدٌ	그 산양은 달아나고 있다. (앗좌브유 샤-리둔)

13. 우유(라바눈)

اَللَّبَنُ أَبْيَضُ	그 우유는 하얗다. (알라바누 아브야두)
لَبَنٌ اَللَّبَنُ نَافِعٌ	그 우유는 유익하다. (알라바누 나-피운)
اَللَّبَنُ طَيِّبٌ	그 우유는 좋다. (알라바누 따이이분)

14. 식물(나바-툰)

اَلنَّبَاتُ أَخْضَرُ	그 식물은 푸르다. (안나바-투 아크다루)
نَبَاتٌ اَلنَّبَاتُ مُورِقٌ	그 식물은 잎이 무성하다. (안나바-투 무-리꾼)
اَلنَّبَاتُ مُزْهِرٌ	그 식물은 꽃피는 식물이다. (안나바-투 무즈히룬)

الثقافة | 라일라(ليلى)에 대한 마즈눈(مجنون)의 사랑

12세기 경 북부 아라비아 지역에 까이스(القيس)라는 한 왕자가 살고 있었는데 그는 어느 날 라일라(ليلى)라는 여인을 본 순간부터 사랑에 빠져버렸다. 라일라에 대한 그의 애틋하고 순수한 사랑을 지켜본 그의 친구들이 그를 라일라 여인에 반해버린 남자, 즉 마즈눈 라일라(مجنون ليلى)라 부르게 되면서 그의 본명은 잊혀지고 그를 마즈눈 라일라로 부르게 되었다. 그러나 라일라의 아버지는 그녀를 다른 남자에게 시집보냈다. 그토록 사랑했던 라일라를 잃은 마즈눈은 평생을 반나체로 살면서 그녀에게 바치는 시들을 썼다.

유목민이었던 라일라의 부모는 마즈눈이 자기들의 천막 가까이 오는 것을 금했다. 그래서 마즈눈은 광야의 한 목동으로부터 양 가죽을 얻어 입고 그 목동에게 부탁을 했다.

"하나님의 이름으로 부탁하네. 양떼를 몰고 라일라가 살고 있는 천막 쪽으로 가 줄 수 있겠나. 그러면 나는 양처럼 하고서 양들 사이에 끼어 그곳으로 가보고 싶네. 그녀의 향기를 맡는 것만이 나의 행복이 되어버렸어. 또 양 가죽을 입고 걸어 다니다 보면 무슨 묘책이 생기지 않겠나."

그래서 목동은 양들을 몰고 라일라가 살고 있는 천막 가까이 다가갔다. 한 마리의 양으로 가장한 마즈눈은 라일라의 얼굴을 본 순간 너무 흥분해 그만 기절하고 말았다. 목동은 기절한 마즈눈을 데리고 다시 광야로 나와 얼굴에 물을 뿌려 정신을 차리게 했다. 이 소식을 듣고 마즈눈의 친구들이 달려와 이렇게 말했다.

"자네처럼 고귀한 왕자가 왜 이렇게 반나체로 양 가죽이나 쓰고 살고 있는가. 원한다면 옷을 가져다 주겠네."

그러자 마즈눈은 이렇게 대답했다.

"이 세상에 라일라만한 옷은 없네. 그러니 내게는 양 가죽이 제일 좋을 수밖에! 나는 비단 옷이나 금빛 찬란한 옷들을 입을 수 있지만 그것으로는 라일라를 볼 수 없지 않는가! 그러니 라일라를 볼 수 있는 양 가죽이 나에게는 더 좋을 수밖에!"

الموضوع الثالث

대학 캠퍼스의 두 남자 교수

الأستاذان في حرم الجامعة

교실로 들어가고 있는 학생들

الطلاب في طريقهم إلى الفصل

사막에 있는 한 그루의 종려열매나무

نخلة في الصحراء

الموضوع الثالث 3

인사

아랍인들은 영어보다는 아랍어로 말하는 외국인에게 호감을 갖고 더욱 친절하게 맞이해 준다. 무슬림들은 국적이 서로 다르고 사용하는 모국어와 민족 언어가 서로 다르지만 모두가 동일한 인사말을 사용하고 있다. 전 세계 모든 아랍인들과 무슬림들은 꾸란의 가르침에 따라 모국어와 민족어를 초월하여 때와 장소에 관계없이 '앗쌀라무 알라이쿰'으로 인사하고 '와 알라이쿰 쌀람'으로 대답한다.

아랍인들은 고개를 숙이거나 허리 굽혀 인사하지 않는다. 엎드려 절하는 것은 상상도 할 수 없다. 부모에게는 물론이고 고인에게도 절하지 않는다. 허리를 구부려 인사하고 엎드려 절을 하는 대상은 오직 하나님 밖에 없다는 꾸란의 가르침 때문이다. 연하자가 연장자에게, 소수가 다수에게, 타고 가는 사람이 걸어가는 사람에게, 먼저 본 사람이 늦게 본 사람에게 먼저 인사한다. 이것은 예언자 무함마드의 가르침에서 비롯된 인사 예절이다.

악수를 하면서 인사말을 주고받기도 하고 상대방을 껴안고 뺨에 두 번 이상 입맞춤을 하기도 하며 부모나 나이가 많은 어른들에게는 손등이나 이마에 입맞춤을 하기도 한다. 극히 존경하는 분에게는 그분의 머리에 입맞춤을 하는 경우도 있다. 그러나 남녀간의 포옹이나 입맞춤은 하지 않는다. 남녀칠세부동석이란 이슬람 윤리와 도덕의 영향 때문이다.

인사 التحية

12 الدرس

아랍어 인사는 장소와 시간에 관계없이 통용되는 السلام عليكم (앗쌀라-무 알라이쿰)을 비롯하여, 때에 따라 여러 가지 표현이 다양하게 사용된다.

المحادثة

السيد سون : السلام عليكم .

앗쌀라-무 알라이쿰
손 선생: 안녕하세요?

أميرة : وعليكم السلام .

와 알라이쿰 쌀람
아미라: 안녕하세요?

السيد سون : صباح الخير .

사바-훌 카이르
손 선생: 좋은 아침이에요.(오전)

أميرة : صباح النور .

사바-훈 누-르
아미라: 그래요. 아침햇살이 좋아요.

السيد سون : مساء الخير .

마싸-울 카이르
손 선생: 좋은 오후 되기 바래요.(오후)

أميرة : مساء النور .

마싸-운 누르
아미라: 당신도 좋은 오후 되기 바래요.

السيد سون : تصبحين على خير .

투스비히나 알라 카이르

손 선생: 안녕히 주무세요.

أميرة : وأنت من أهله .

와 안타 민 아흘리

아미라: 당신도 안녕히 주무세요.

الكلمات

السيد	:	(앗+싸이이드) 씨(Mr.), 선생	السلام	:	(앗+쌀라-무; 앗쌀람) 평화
عليكم	:	(알라이+쿰) 당신들에게(upon you)	و	:	(와) 그리고
صباح	:	(사바훈; 사바하) 아침, 오전	الخير	:	(알+카이루; 알카이르) 좋은(good)
النور	:	(안+누-르) 빛(light)	مساء	:	(마싸운; 마싸) 저녁, 오후
تصبحين	:	(투쓰비히나) 당신이 … 가 되다.	أنت	:	(안타; 엔타) 당신(2인칭 남성단수)
من	:	(민) …로부터(from)	أهله	:	(아흘루+후) 그의 가족, 친지, 사람들

القواعد

태양문자와 월문자

아랍어 28개 철자는 14개의 태양문자 (الحروف الشمسية : 알후루풋 샴씨야)와 14개의 달문자 (الحروف القمرية : 알후루풀 까마리야)로 되어 있다. 태양문자로 시작되는 명사에 정관사 알(أل)이 접두되면 알(أل)의 람(ل) 음가 대신에 태양문자의 음가가 반복된다. 그러나 달문자의 경우 알(ل)의 음가는 변하지 않는다. 본서에서는 전자의 경우 (앗)으로, 그리고 후자는 (알)로 표현하였다.

※ 문법에 의한 발음과 **회화체 발음은 약간의** 차이가 있으나 어느 쪽을 사용해도 무방하다.

التدريبات

아랍어로 말해보세요.

01 안녕하세요?(24시간) ______________________

02 안녕하세요?(오전인사) ______________________

03 안녕하세요?(오후인사) ______________________

04 안녕히 주무세요. ______________________

توسيع الكلمات والتعبيرات

※ 다른 인사 표현들

1) صباح الفل : (사바-훌 풀) 아라비아 자스민 꽃같은 아침이 되기 바랍니다.
   농담의 인사로 صباح الفول : (사바-훌 푸울)이라고 하는데 الفول : (푸울)은 서민들이 많이 먹는 콩을 말한다.
2) صباح الورد : (사바-훌 와르드) 장미꽃 같은 아침이 되기 바랍니다.
3) ليلتك سعيدة : (라이라투카 싸이-다) 그대의 밤이 행복하기 바랍니다.
4) وأنت من أهل الخير : (와 안타 민 아흘릴 카이리)
   당신도 은혜 받은 자 중에 있기 바랍니다.

الثقافة | 인사와 축복

아랍인들과 무슬림들은 국적이 서로 다르고 사용하는 모국어와 민족 언어가 서로 다르지만 모두가 동일한 인사말을 사용하고 있다. 각 종교문화마다 그들만의 인사말들이 있지만 모국어와 민족 언어의 한계는 넘지 못하고 있다. 그러나 전 세계 모든 이슬람인들의 인사말은 꾸란의 가르침에 따라 모국어와 민족 언어를 초월하고 있다. 사우디아라비아, 말레이시아, 미국, 러시아, 중국, 영국, 프랑스, 한국 등 지구촌 어느 민족이든지 이슬람인들은 모두가 한결같이 자기들의 모국어와 상관없이 꾸란이 제시하고 있는 (앗)쌀라무 알라이쿰 (السلام عليكم)이란 인사말을 공통적으로 사용하고 있다.

인사를 받는 사람은 상대방이 사용한 인사말 보다 더 길고 더 좋은 의미가 담긴 문구로 답례하면 더 많은 축복과 보상을 받는다고 예언자 무함마드가 가르쳤다. (앗)쌀라무 알라이쿰(السلام عليكم)으로 인사한 사람은 10배의 보상을 받고, (앗)쌀라무 알라이쿰 와 라흐마툴라히 와 바라카투후 (السلام عليكم ورحمة الله وبركاته) 로 인사한 사람에게는 30배의 보상이 내려진다고 하였다. 그래서 상대방이 사용한 인사말보다 짧게 대답하는 것은 실례가 된다. 라흐마툴라히(رحمة الله)는 하나님의 자비란 뜻이요 바라카투후(بركاته)는 하나님의 축복이란 의미다.

허리 굽혀 인사하거나 엎드려 절하지 않는다. 허리를 구부려 인사하고 엎드려 절을 하는 대상은 오직 하나님 밖에 없다는 꾸란의 가르침 때문이다. 연하자가 연장자에게, 소수가 다수에게, 타고 가는 사람이 걸어가는 사람에게, 먼저 본 사람이 늦게 본 사람에게 먼저 인사하는 것도 아랍과 이슬람의 인사예절이다.

(앗)쌀라무 알라이쿰에 대한 대답은, 와 알라이쿰 쌀람(وعليكم السلام)이다. 쌀람의 인사는 무슬림과 무슬림이 주고받는 꾸란의 인사였으나 아랍인들의 인사말이 되면서 아랍인과 전 세계 모든 무슬림들의 공통 인사말이 되었다. 악수를 하면서 인사말을 주고받기도 하고 상대방을 껴안고 뺨에 두 번 이상 입맞춤을 하기도 하며 부모나 나이가 많은 어른들에게는 손등이나 이마에 입맞춤을 하기도 한다.

만나서 기뻐요. أنا مسرور بلقائك

13
الدرس

이름을 묻고 답하는 표현과 '만나서 기쁩니다.' 라는 표현을 배워본다. 아랍인을 처음 만나거나 소개 받았을 때 쉽게 활용할 수 있는 표현이다.

المحادثة

فاطمة : السلام عليكم .

앗쌀라-무 알라이쿰

파티마 : 안녕하세요?

أحمد : وعليكم السلام .

와 알라이쿰 쌀람

아흐마드 : 안녕하세요?

فاطمة : اسمي فاطمة

이쓰미 파티마

파티마 : 저의 이름은 파티마입니다.

ما اسمك ؟

마 이쓰무카?

당신의 이름은 무엇이지요?

أحمد : اسمي أحمد .

이쓰마 아흐마드

아흐마드 : 나의 이름은 아흐마드입니다.

فاطمة : أنا مسرورة بلقائك .

아나 마쓰루-라툰 비리까-이카

파티마: 나는 당신을 만나게 되어 기뻐요.

أحمد : أنا أكثر .

아나 아크싸르

아흐마드 : 저는 더 기쁜 걸요.

فاطمة : سأراك فيما بعد .

싸아라-카 피마 바으드

파티마 : 또 뵙겠습니다.

أحمد : سأراك قريبا .

싸아라-키 까리-반

아흐마드 : 조만간 또 만나요.

فاطمة : مع السلامة .

마아 쌀라-마

파티마: 안녕히 가세요.

أحمد : مع السلامة .

마아 쌀라-마

아흐마드: 안녕히 가세요.

فاطمة : إلى اللقاء .

일랄 리까-아

파티마: 또 만나요.

أحمد : إلى اللقاء .

일랄 리까-아

아흐마드: 또 만나요.

الكلمات

اسمي : (이쓰미) 나의 이름

اسمك : (이쓰무+카) 당신의 이름

بلقائك : (비+리까-이+카) 당신을 만나서(카: 당신 남자)

أراك : (아라-키) 내가 당신을 보다(키: 당신 여자)

قريبا : (까리-반) 조만간

ما : (마) 무엇(what)

مسرور : (마쓰루-룬; 마쓰루-르) 기쁜

أكثر : (아크싸루; 아크싸르) 더 많이

فيما بعد : (피마 바으드) 다음에

القواعد

3인칭 독립 인칭대명사

هو : (후와) 그 남자
هي : (히야) 그 여자
هم : (훔) 그들
هن : (훈나) 그녀들

※ لعل : (라알라) 아마, 아마도
1) هو + لعل = لعله : (라알라후)
لعله بخير : (라알라후 비카이린) 그는 잘 지내고 있겠지요
2) هي + لعل = لعلها : (라알라하)
لعلها بخير : (라알라하 비카이린) 그녀는 잘 지내고 있겠지요
3) هم + لعل = لعلهم : (라알하훔)
لعلهم بخير : (라알라훔 비카이린) 그들은 잘 지내고 있겠지요
4) هن + لعل = لعلهن : (라알라훈나)
لعلهن بخير : (라알라훈나 비카이린) 그녀들은 잘 지내고 있겠지요

※ 둘을 나타내는 쌍수가 있으나 일상생활에서 사용빈도가 적기 때문에 생략하였다.

التدريبات

아랍어로 말해보세요.

01 (당신의) 이름이 뭐예요?('당신'이 여성일 때) ______________________

02 (당신의) 이름이 뭐예요?('당신'이 남성일 때) ______________________

03 제 이름은 ________ 입니다. ______________________

04 당신을 만나서 기쁩니다. ______________________

05 저도 기뻐요. ______________________

توسيع الكلمات والتعبيرات

※ 만났을 때의 또 다른 인사말

1) أنا سعيد بلقائك : (아나 싸이-둔 비리까-이카)
   나는 당신을 만나 행복해요.(남성이 말할 때))
2) أنا سعيدة بلقائك : (아나 싸이-다툰 비리까-이카)
   나는 당신을 만나 행복합니다.(여성이 말할 때)
3) أنا مسرور بلقائك : (아나 마쓰루르 비리까이카)
   나는 당신을 만나 기뻐요.(남성이 말할 때)

الثقافة | 순니파와 쉬아파의 기원

본문에 언급된 파티마(فاطمة)는 일반적인 여성 이름이지만 아랍여성 및 비아랍 여성 무슬림들의 이름에서 많이 찾아볼 수 있다. 그녀는 성경과 꾸란에 등장한 마리아(مريم) 이상으로 존경과 사랑을 받고 있는 이름이다. 그러한 이유는 그녀가 예언자 무함마드의 딸로서 아랍문화와 이슬람문화에 끼친 영향이 지대하기 때문이다.

그녀와 결혼한 알리(علي)가 예언자 무함마드의 피를 이어받은 유일한 혈통이 되었다. 그러한 배경으로 예언자 무함마드가 죽은 다음 후계자 추대과정에서 혈통을 이어받은 알리와 그의 자손들만이 이슬람공동체의 지도자가 되어야 한다는 주장과 꾸란과 예언자 무함마드의 전통에 능통한 자가 지도자가 되어야 한다는 주장이 맞서게 되었다. 이러한 정파의 갈등이 후세에 들어와 쉬아파(أهل الشيعة : 아흘루 쉬아)와 순니파(أهل السنة : 아흘루 순나)로 발전하였다.

안부 كيف حالك ؟

14 الدرس

الحمد لله (알함두 릴라)는 السلام عليكم (앗쌀라-무 알라이쿰) 다음으로 자주 사용하는 표현이다. 무슬림들은 일상의 모든 일들을 하나님의 섭리(뜻)로 여기는데, 이 표현 역시 하나님 덕분에 잘 지낸다는 의미로 쓰이는 관용적인 표현이다.

المحادثة

السيد سون : كيف حالك ؟

카이파 할-루카?
손 선생: 어떻게 지내고 있어요?

عبد المجيد : أنا بخير ، والحمد لله .

아나 비카이르, 왈함두릴라
압둘마지드: 잘 지내고 있어요. 하나님의 덕분이지요.

كيف حالك أنت ؟

카이파 할-루카 안타?
당신은 어떻게 지내고 있어요?

السيد سون : بخير أيضا ، والحمد لله

바카이르 아이단, 왈함둘릴라
손 선생: 나 역시 잘 지내고 있어요. 하나님 덕분이지요.

عبد المجيد : هل صحتك جيدة ؟

할 시하투카 제이이다?
압둘마지드: 당신의 건강은 좋으시지요?

السيد سون : نعم . والحمد لله .

나암. 왈함두릴라
손 선생: 그래요. 하나님의 덕분이에요.

كيف صحتك أنت ؟

카이파 시하투카 안타?
그런데 당신의 건강은 어때요?

عبد المجيد : صحتي جيدة أيضا .

시하티 제이이다툰 아이단
압둘마지드: 역시 나의 건강도 좋아요.

السيد سون : الحمد لله .

알함두릴라
손 선생: 하나님께 감사할 뿐이에요.

عبد المجيد : الحمد لله رب العالمين .

알함두릴라 랍빌알-라민
압둘마지드: 그래요, 온누리의 주님에게 감사할 뿐이에요.

الكلمات

كيف : (카이파; 케이파) 어떻게(how)

بخير : (비+카이르) 좋다. 잘 있다.

أنت : (안타, 엔타) 당신 남자

صحتك : (시하투+카) 당신의 건강

نعم : (나암) 예(yes), 그래요

أيضا : (아이단) 역시

العالمين : (알+알-라민) 우주, 온누리

حالك : (할-루+카; 할-라크) 당신의 상황, 상태

الحمد لله : (알함두릴라) 모든 영광은 하나님의 것

هل : (할) 의무사

جيدة : (자이이다툰; 제이이다) 좋은

صحتي : (시하티) 나의 건강

رب : (랍분; 랍브) 주님, 주인

القواعد

2인칭 독립인칭대명사

أنتَ : (안타) 당신 (남자)
أنتِ : (안티) 당신 (여자)
أنتم : (안툼) 당신 남자들
أنتن : (안툰나) 당신 여자들

1) أنتَ + لعل = لعلكَ : (라알라카)
   لعلكَ بخير : (라알라카 비카이린) 당신(남성)은 잘 지내고 있겠지요
2) أنتِ + لعل = لعلكِ : (라알라키)
   لعلكِ بخير : (라알라키 비카이린) 당신(여성)은 잘 지내고 있겠지요
3) أنتم + لعل = لعلكم : (라알라쿰)
   لعلكم بخير : (라알라쿰 비카이린) 당신들(남성)은 잘 지내고 있겠지요
4) أنتن + لعل = لعلكن : (라알라쿤나)
   لعلكن بخير : (라알라쿤나 비카이린) 당신들(여성)은 잘 지내고 있겠지요

※ 둘을 나타내는 쌍수가 있으나 일상생활에서 사용빈도가 적기 때문에 생략하였다

التدريبات

아랍어로 말해보세요.

01 어떻게 지내세요? ______________________
02 저는 잘 지내요. ______________________
03 당신은요? ______________________
04 저도 잘 지냅니다. ______________________

توسيع الكلمات والتعبيرات

※ 답변의 다른 표현들

1) طيب ، الحمد لله : (따이입, 알함두릴라) 하나님 덕분에 잘 지내(남성이 말할 때)
2) طيبة ، الحمد لله : (따이이바툰, 알함두릴라) 하나님 덕분에 잘 지내(여성이 말할 때)
3) لا بأس ، شكرا : (라 바으쓰, 슈크란) 괜찮아요, 감사해요.
4) على ما يرام : (알라 마 유람) 그런대로 지내.

الثقافة | 시작하는 말과 맺는 말

아랍인들은 모든 것을 비스밀라(بسم الله), 즉 하나님의 이름으로 간구하고 시작한다. 모든 것이 하나님에 의해 시작되었다고 보기 때문이다. 하나님의 이름으로 시작하는 일은 절대로 무효가 되는 일이 없고 헛된 경우가 없으며 불완전하게 끝나는 일이 없다고 하였다. 하나님의 이름으로 개시되지 않은 말(言)과 글(書)과 행위는 수족이 절단된 것처럼 불완전하고, 예배를 위한 세수(الـعضو: 우두)도 비스밀라가 언급되지 않으면 그 예배의 효과가 없으며, 음식을 먹을 때도 먼저 하나님의 이름으로 먹어야 하며, 짐승을 도살할 때나 부부가 동침할 때에도 비스밀라로 시작하는 것이라 가르치고 있다.

사람이 땅 위에 있게 된 최초의 것들이 하나님에 의해 시작되었던 것처럼 죽음 후에 시작되는 인간의 구원도 역시 비스밀라로 이루어지는 것으로 보고 있다. 그래서 아랍 무슬림들은 모든 것을 하나님의 이름으로 간구한다. 예수님의 이름으로 기도하고 간구하는 기독교문화와는 대조적이다.

터키의 한 전자회사는 자동차 시동을 걸기 위해 열쇠를 작동하는 순간 자동적으로 비스밀라 소리가 나는 전자제품을 개발 생산하였다. 본사 사장은 1992년 회사설립 당시부터 대다수 터키 무슬림들이 자동차 앞 좌석에 앉을 때 비스밀라를 외우는 전통과 습관에서 이 제품을 고안하게 되었다고 하였다.

아랍인들과 무슬림들은 비스밀라(بسم الله)로 시작하고 그 결과에 대하여 알함두릴라(الحمدلله)로 말 끝을 맺는데 후자는 하나님께 모든 영광을 돌린다는 뜻이다. 식사에 들어갈 때 '비스밀라'로 시작하는 것처럼 식사를 마칠 때는, '알함두릴라'로 잘 먹었다는 감사의 표현을 한다. 즉 모든 영광은 하나님의 은덕이라는 뜻으로 '잘 먹었습니다. 맛있게 먹었습니다.'라는 의미다. 한국 사회에서는 '선생님 덕분에 잘 지내고 있습니다.'라고 말하지만 아랍인들과 무슬림들은 하나님의 덕분이라고 말한다. 잠자리에 들 때도 이 말을 33번 암송한 후에 잠드는 것이 좋다고 하였고, 잠자리에서 일어나기 전에 '참 잘 잤다.'라는 의미로도 이 표현을 쓴다. 교통사고 등 사건이 발생했지만 아무 상처없이 무사했을 때, '다행입니다.' 치명상을 입었지만 생명에는 이상이 없을 때, '그만이라도 다행입니다.' 여행에서 무사히 돌아온 사람에게, '무사히 돌아와서 다행입니다.' 등의 뜻으로 광범위하게 사용된다. 또한 화장실에서 일을 보고 나서 가뿐하고 시원함을 느꼈을 때, '아! 시원하다'의 뜻으로 사용되어 진다.

서구사회의 문화가 인간(人間) 중심이라면 이슬람사회의 문화는 신(神) 중심이라고 할 수 있다. 이것을 염두해 둔다면 아랍인들과 무슬림들을 쉽게 사귈 수 있고 그들의 문화를 소재로 하여 그들과 자연스럽게 이야기 꽃을 피울 수 있다.

친구이며 동료들

الأصدقاء والزملاء

두바이의 거리

شوارع دبي

낙타와 종려나무

الجمال والنخل

소개

아랍인들은 이슬람문화의 영향을 받아 친구를 소중히 여긴다. 친구를 믿거든 친구의 친구도 존중하고 대접하라는 이슬람의 가르침에 따라, 친구를 맞이해 주는 것 이상으로 친구의 친구, 친구의 소개를 받아 온 사람에게도 극진하게 친절을 베풀어 주는 것을 느낄 수 있다. 또한 친구를 소개하는 것도 무척 좋아한다. 아랍인 가정에 초대를 받아 가보면 집주인의 친척들이 와 있고 친구들과 이웃들이 와 있는 것을 볼 수 있다. 서로 알고 지내라는 꾸란의 가르침에 따라 가족소개를 시작으로 이 사람 저 사람 다 소개하는 것을 볼 수 있다.

아랍인들은 현실적인 이해관계보다는 친구간의 믿음과 신뢰를 가장 중요시 여긴다. '한번 친구는 영원한 친구'라는 말이 있을 정도다. 그래서 '1천명의 아는 사람들보다 진정한 한 명의 아랍 친구만 있으면 아랍인 모두를 소개 받을 수 있다'고까지 말하는 사람도 있다.

그런데 남녀간의 소개는 서구문화와 크게 다르다. 물론 아랍 국가에 따라 상당한 차이를 보이고는 있지만 아라비아 반도에 위치한 대부분의 아랍국가에서는 초청을 한 가정에서조차도 가족의 여성들을 소개하지 않는다. 부부가 초청을 받았을 때 남편은 남자들의 사랑방으로 안내를 받고 아내는 여자들의 사랑방으로 안내를 받아 남자는 남자끼리, 그리고 여자는 여자끼리 어울려 정담을 나눈다. 한편 유럽의 지배를 받은 모로코나 튀니지 같은 아랍국가에서는 남녀간의 대화가 대체적으로 자유스러운 편이다.

감사와 사과 الشكر والاعتذار

15 الدرس

외국인들은 고마움과 미안함의 표현을 자주 하는데 아랍인들은 그보다 더한다. 고마움을 표현하지 않는 사람은 하나님께 감사하지 않는 자라고 예언자 무함마드가 강조했기 때문이다. 우리나라 사람들은 종종 상대방이 고마움 또는 미안함을 표시했을 때 그저 미소로 답하지만, 아랍 세계에서는 대답까지 그리고 상대방이 사용한 표현보다 더 아름다운 것으로 표현하도록 가르치고 있다. 그래서 아랍어 인사말은 다양하고 많다.

المحادثة

السيد سون : شكرا .

슈크란

손 선생: 감사합니다.

عبد المجيد : عفوا

아프완

압둘마지드: 천만에요.

السيد سون : شكرا جزيلا على تعاونك .

슈크란 자질-란 알라 타아-우니카

손 선생: 협조해주어서 대단히 감사해요.

عبد المجيد : لا شكر على واجب

라 슈크르 알라 와-집

압둘마지드: 감사하기는요. 당연히 할 일을 했을 뿐인데요.

السيد سون : أنا آسف جدا .

아나 아-시프 짓단

손 선생: 대단히 미안해요.

عبد المجيد : لا بأس .

라 바으쓰

압둘마지드: 괜찮아요.

السيد سون : سامحني .

싸-미흐니

손 선생: 용서하십시오.

عبد المجيد : سامحك الله .

사-마하칼라

압둘마지드: 제발 그러지 마세요.

(하나님께서 용서하셨어요)

السيد سون : شكرا مرة أخرى .

슈크란 마르라탄 우크라

손 선생: 다시 한번 감사드려요.

الكلمات

شكرا : (슈크란) 감사해요.

جزيلا : (자질-란) 대단히

تعاونك : (타아-우누+카) 당신의 협력

آسف : (아-씨푼; 아-씨프)

لا : (라) 아니요(no)

سامحني : (싸-미흐니) 나를 용서하시오.

مرة أخرى : (마르라탄 우크라; 마르라 우크라) 다시 한번

عفوا : (아프완) 천만에요.

على : (알라) ... 에 대하여, ... 위에

واجب : (와-지분; 와-집) 의무, 당연

جدا : (짓단) 대단히

بأس : (바으쑨; 바으쓰) 위력, 용감성, 악

سامح : (사-마하) 용서하다, 관용을 베풀다.

القواعد

1인칭 독립인칭대명사

أنا : (아나) 나는

نحن : (나흐누) 우리들

1) أنا + لعل = لعلي : (라알리)

لعلي بخير : (라알리 비카이린) 나도 잘 지내고 있으면 좋겠다.

2) نحن + لعل = لعلنا : (라알라나)

لعلنا بخير : (라알라나 비카이린) 우리도 잘 지내고 있으면 좋겠다.

※ 1인칭 인칭대명사가 목적어로 쓰일 경우

1) أنا + تحب = ني + تحب = تحبني : (투힙부니) 당신이 나를 사랑하다.

هل أنت تحبني ؟ : (할 안타 투힙부니) 당신은 나를 사랑해요?

2) نحن + يحب = نا + يحب = يحبنا : (유힙부나) 그는 우리를 사랑한다.

الله يحبنا جميعا : (알라후 유힙부나 자미–안) 하나님께서는 우리 모두를 사랑하십니다.

التدريبات

아랍어로 말해보세요.

01 감사합니다. ____________________

02 천만에요. ____________________

03 미안합니다. ____________________

04 괜찮습니다. ____________________

توسيع الكلمات والتعبيرات

※ 감사의 다른 표현들

1) ألف شكر : (알프 슈크르) 천 번 만 번 고마워요. ألف : (알프)는 천(1000)을 말한다.
2) أجدد شكري : (우잣디두 슈크리) 다시 한번 감사드립니다.
3) أكرر شكري : (우카르리루 슈크리) 반복하여 감사드립니다.
4) لا بأس عليك : (라 바으싸 알라이카) 안심하세요. 걱정마세요.

الثقافة | 망각과 실수

인간은 태어나면서 망각(النسيان : 안니스얀)하는 속성과 실수(الخطأ : 알카타아)하는 속성을 갖고 태어난다고 꾸란은 가르치고 있다. 아담과 하와가 하나님께서 먹지 말라고 한 나무의 열매를 따먹은 것은 사실이었지만 의도적이 아니고 망각에 의한 실수였기 때문에 아담과 하와의 행위를 유죄로 보는 성경의 내용과는 달리 꾸란에서는 무죄로 해석하고 있다. 이러한 이유로 망각에 의한 실수나 과실은 죄로 간주되지 않는다. 그래서 실수나 잘못을 했을 경우 그 사실을 인정하고 미안함을 표시하면 그것은 하나님께 회개하는 행위가 된다고 하였다.

용서를 구하는 사람에게, "나도 실수하고 잘못하는 인간인데 용서를 하고 안하고 할 자격이 없습니다. 하나님만이 인간을 용서하여 주시는 분이시니 그분께서 이미 당신을 용서하셨습니다."라고 대답한다.

질문과 대답 السؤال والجواب

16 الدرس

주어와 동사 위치를 도치시켜 의문문을 만드는 영어 문법과 달리, 아랍어에서는 문장 맨 앞에 의문사만 붙임으로써 의문문을 만들 수 있다.

المحادثة

السيد سون : هل أنت الشيخ عبد المجيد ؟

할 안타 쉐이크 압둘마지드?

손 선생: 당신이 압둘마지드 선생인가요?

عبد المجيد : نعم ، أنا هو .

나암, 아나 후와

압둘마지드: 예, 제가 바로 그 사람입니다.

السيد سون : أهذا هو مكتب عبد الله ؟

아 하다 후와 마크탑 압둘라?

손 선생: 이곳이 압둘라 사무실인가요?

عبد المجيد : نعم ، انه هو .

나암, 인나후 후와

압둘마지드: 예, 그래요.

السيد سون : هل هو السيد عبد الله ؟

할 후와 앗싸이이드 압둘라?

손 선생: 그가 압둘라 선생이신가요?

عبد المجيد : لا ، ليس هو .

라, 라이싸 후와

압둘마지드: 아니요, 그렇지 않아요.

انه هو الأستاذ أحمد .

인나후 후와 알우스타-주 아흐맏
그는 아흐맏 교수입니다.

السيد سون : أين عبد الله ؟

아이나 압둘라?
손 선생: 압둘라가 어디에 계시지요?

عبد المجيد : هو في الاجتماع .

후와 필 이즈티마-아
압둘마지드: 그분은 회의중이세요.

السيد سون : هل تقدم لي خدمة ؟

할 투깓디무 리 키드마?
손 선생: 저를 좀 도와주시겠습니까?

عبد المجيد : بكل سرور .

비쿨리 쑤루르
압둘마지드: 기꺼이

أيّ خدمة ؟

아이 키드마?
무엇을 도와드릴까요?

السيد سون : أين دورة المياه ؟

아이나 다우라툴미야?
손 선생: 화장실이 어디있지요?

عبد المجيد : هناك .

후나-카
압둘마지드: 저기요.

السيد سون : شكرا .

슈크란
손 선생: 감사해요.

الكلمات

السيد	:	(앗+싸이이드) 선생, 씨(Mr.)	هل	:	(할) 의문사
أنت	:	(안타; 엔타) 당신(2인칭 남성 단수)	الشيخ	:	(앗+샤이크; 앗쉐이크) 어른, 족장, 선생
نعم	:	(나암) 예(yes), 그래요.	أنا	:	(아나) 나는
هو	:	(후와) 그는	أ	:	(아) 의문사
هذا	:	(하다) 이것(this)	مكتب	:	(마크타분; 마크탑) 책상, 사무실
لا	:	(라) 아니요(no)	ليس	:	(라이싸; 레이싸) … 가 아니다.
الأستاذ	:	(알+우수타–주) 교수, 선생	أين	:	(아이나) 어디에(where)
في	:	(피) 안에(in)	الاجتماع	:	(알+이즈티마–우) 회의, 모임
تقدم	:	(투깐디무) 당신이 제공하다.	لي	:	(리) 나를 위해서
خدمة	:	(키드마툰; 키드마) 봉사(service)	بكل	:	(비쿨리) 모든 것으로
سرور	:	(쑤루–룬; 쑤루–르) 기쁨	أيّ	:	(아이유) 어떤(any)
دورة	:	(다우라툰; 다우라) 주기, 순번, 교대, 둘레	المياه	:	(알+미야–후; 알미야) 물
هناك	:	(후나–카; 히나–크) 저기, 저 곳	شكرا	:	(슈크란) 감사합니다.
عفوا	:	(아프완) 천만에요.			

القواعد

3인칭 연결 인칭대명사

ه __ (후) 그의

بلده = ه + بلد : (발라두후) 그의 나라

ها __ (하) 그녀의

بلدها = ها + بلد : (발라두하) 그녀의 나라

هم __ (훔) 그들의

بلدهم = هم + بلد : (발라두훔) 그들의 나라

هن ____ (훈나) 그녀들의

بلدهن = هن + بلد (발라두훈나) 그녀들의 나라

توسيع الكلمات والتعبيرات

※ 남녀 이름 앞에 오는 경칭어

1) السيد : (앗싸이이드) 씨, 선생(Mr.)
2) السيدة : (앗싸이이다투) 여사, 결혼한 여성을 호칭하는 존칭어(Mrs.)
3) الآنسة : (알아-니사투) 양, 처녀 등 미혼 여성을 호칭하는 존칭어(Miss)
4) سادة وسيدات : (싸-다툰 와 싸이이다-툰) 신사숙녀 (ladies and gentlemen)

الثقافة | 화장실 문화

아랍의 화장실 문화는 대변을 본 후 물을 사용하여 그곳을 청결하게 하라는 꾸란과 예언자 무함마드의 가르침에 따라 대다수 아랍인 가정의 화장실에는 휴지 대신에 물이 흐르는 호수가 연결되어 있거나 물을 받아 사용할 수 있도록 주전자 같은 물그릇이 놓여 있다. 휴지를 사용하지 않기 때문에 휴지통이 없는 것도 우리와는 대조적이다. 물론 발견하기란 쉽지 않겠지만, 혹시 휴지통이 비치되어 있다 하더라도, 오른쪽에 있지 않고 왼쪽에 있을 것이다. 대소변을 보고 청결하게 하는 손은 오른손이 아니라 왼손이기 때문이다.

공중 화장실은 주로 이슬람 사원의 화장실이 그 역할을 하고 있다. 하루 다섯 번의 예배에 필수적 사항이 몸을 닦는 것(الوضو : 우두)이기 때문에 각 사원마다 몸을 씻고 일을 보는 화장실 문화가 보편화되어 있다. 급하게 화장실을 이용해야 할 경우가 발생한다면 호텔, 관공서, 식당, 그리고 각 사원의 화장실을 찾는 것이 가장 편할 것이다. 외국인들이 많이 사용하는 공항 화장실에는 휴지가 비치되어 있다.

화장실이란 아랍어 단어는 다양하다. 다우라툴미야(دورة المياه : 물이 흐르는 곳), 함맘(الحمام : 목욕하는 곳), 알미르하드(المرحاض : 씻는 곳), 바이툴칼라(بيت الخلاء : 벗는 집) 등이 있으며 영어의 Toilet도 사용되고 있다.

저는 한국에서 왔어요. أنا من كوريا

17
الدرس

외국인을 만났을 때 가장 먼저 물어보는 것은 아마도 이름과 국적일 것이다. 상대가 어느 나라 사람인지를 묻는 표현과 자신의 국적을 말하는 표현을 알아본다.

المحادثة

السيد سون : السلام عليكم .

앗쌀라-무 알라이쿰
손 선생: 안녕하세요?

عبد المجيد : وعليكم السلام .

와 알라이쿰 쌀람
압둘마지드: 안녕하세요?

السيد سون : اسمي سون هيجون ،

이쓰미 손희준
손 선생: 저의 이름은 손희준입니다.

ما اسمك الكريم ؟

마쓰무칼 카림?
존경하는 당신의 이름은 무엇인가요?

عبد المجيد : اسمي عبد المجيد .

이쓰미 압둘마지드
압둘마지드: 저의 이름은 압둘마지드입니다.

من أيّ بلد أنت ؟

민 아이 발라딘 안타?
어느 나라에서 오셨지요?

السيد سون : أنا من سيول ، كوريا .

아나 민 씨-울, 쿠-리야
손 선생: 저는 한국의 서울에서 왔어요

عبد المجيد : أنا سعودي .

아나 쑤우-디
압둘마지드: 나는 사우디 사람인데

وما جنسيتك أنت ؟

와 마 진씨야투카 안타?
당신의 국적은 무엇입니까?

السيد سون : أنا كوري .

아나 쿠-리
손 선생: 나는 한국 사람입니다.

عبد المجيد : أهلا وسهلا .

아흘란 와 싸흘란
압둘마지드: 반가워요, 편안히 지내세요.

السيد سون : أهلا بك.

아흘란 비크
손 선생: 반갑습니다.

الكلمات

ما	: (마) 무엇(what)	اسمك	: (이쓰무+카) 당신의 이름
اسمي	: (이쓰미) 나의 이름	من	: (민) ... 로부터(from)
أيّ	: (아이유) 어떤	بلد	: (발라둔; 발라드) 나라, 국가
أنت	: (안타, 엔타) 당신(2인칭 남성)	جنسيتك	: (진씨야투+카) 당신의 국적
أهلا وسهلا	: (아흘란 와 싸흘란) 반가워요.	أهْلا بِكَ	: (아흘란 비크) 반갑습니다.

القواعد

2인칭 연결 인칭대명사

ك __ (카) 당신의(남성)
بلدك = ك + بلد : (발라두카) 당신의 나라

ك __ (키) 당신의(여성)
بلدك = ك + بلد : (발라두키) 당신의 나라

كم __ (쿰) 당신들의(남성)
بلدكم = كم + بلد : (발라두쿰) 당신들의 나라(남성)

كن ___ (쿤나) 당신 여자들의(여성)
بلدكن = كن + بلد :(발라두쿤나) 당신들의 나라(여성)

التدريبات

아랍어로 말해보세요.

01 당신은 어느 나라에서 오셨나요? ____________

02 나는 한국에서 왔어요. ____________

03 만나서 반가워요. ____________

04 저도 반가워요. ____________

توسيع الكلمات والتعبيرات

※ 국가명칭과 국적

1) كوريا : (쿠-리야) 한국(Korea), كوري : (쿠-리윤) 한국 남자, 한국의
2) مصر : (미스라) 이집트, مصري : (미스리윤) 이집트 남자, 이집트의
3) سوريا : (쑤-리야) 시리아, سوري : (쑤-리윤) 시리아 남자, 시리아의
4) كويت : (쿠와이트) 쿠웨이트, كويتي : (쿠와이티윤) 쿠웨이트 남자, 쿠웨이트의
5) لبنان : (루브난) 레바논 لبناني : (루브나-니윤) 레바논 남자, 레바논의
6) ليبيا : (리-비야) 리비아 ليبيي : (리-비윤) 리비아 남자, 리비아의
7) عمان : (우만) 오만 عماني : (우마-니윤) 오만 남자, 오만의
8) قطر : (까따르) 카타르 قطري : (까따리윤) 카타르 남자, 카타르의
9) تركيا : (투르키야) 터키 تركي : (투르키윤) 터키 남자,터키의
10) باكستان : (바-키스탄) 파키스탄 باكستاني : (바-키스타니윤) 파키스탄 남자, 파키스탄의

الثقافة | Korea의 기원

한국을 아랍어로 쿠-리야(كوريا)라고 발음한다. 신라시대부터 아랍 상인들이 교역을 하기 위해 한반도를 드나들었다고 하였다. 고려시대에도 중국을 통해 아랍 상인들이 자주 드나들게 되었는데 고려를 찾은 아랍인들이 고려(Koryo)를 아랍어 발음에 따라 쿠-리야(كوريا)로 부르게 되었고 유럽을 찾은 이들이 전한 쿠-리야를 유럽인들이 코레아(Corea)로 부르면서 유럽과 서방에 한국이 Korea로 알려지게 된 계기가 되었다고 하싼 이브라힘 하싼 아랍학자는 주장하고 있다.

인사와 친구소개 التحية وتعريف الصديق

18
الدرس

앞서 배운 내용들을 활용하여 자신을 소개하거나 제 삼자를 소개할 수 있다.

المحادثة

السيد سون : كيف حالك ؟

카이파 할-루카?
손 선생: 당신의 근황은 어떠한지요?.

عبد المجيد : بخير ، والحمد لله .

비카이르, 왈함두릴라
압둘마지드: 좋아요, 하나님의 덕분이지요.

وكيف حالك ، أنت ؟

와 카이파 할-루카, 안타?
당신의 근황은 어떠세요?

السيد سون : بخير ، والحمد لله .

비카이르, 왈함두릴라
손 선생: 잘 있어요, 하나님의 덕분이지요.

عبد المجيد : هذا صديقي يوسف .

하다 사디-끼 유스프
압둘마지드: 이 분은 나의 친구 요셉이에요.

هو من الكويت .

후와 미날 쿠와이트
그는 쿠웨이트에서 왔어요.

السيد سون : فرصة سعيدة .

푸르싸툰 싸이-다
손 선생: 처음 뵙겠습니다.

يوسف : فرصة سعيدة .

푸르싸툰 싸이-다
요셉: 처음 뵙겠습니다.

السيد سون : عفوا ، عبد المجيد .

아프완, 압둘마지드
손 선생: 미안합니다만, 압둘마지드씨.

عندي موعد مع مدير الشركة .

에인디 마우이드 마아 무디-르 샤리카
저는 회사 사장님과 약속이 있어요.

إلى اللقاء .

일랄 리까-아
또 만나요.

عبد المجيد : إلى اللقاء .

일랄 리까-아
압둘마지드: 또 만나요.

السيد سون : إلى اللقاء ، يوسف .

일랄 리까-아, 유스프
손 선생: 유스프씨, 또 만나요.

يوسف : مع السلامة .

마아 쌀라-마
요셉: 안녕히 가세요.

الكلمات

هذا	: (하다) 이것, 이 분	صديقي	: (사디-끼) 나의 친구
هو	: (후와) 그 남자	فرصة	: (푸르싸툰; 푸르싸) 기회
سعيدة	: (싸이-다툰; 싸이-다) 행복한	عفوا	: (아프완) 미안해요, 천만에요.
عندي	: (에인디) 나는 갖고 있다.	موعد	: (마우이둔; 마우이드) 약속
مع	: (마아) … 와 함께(with)	مدير	: (무디-룬; 무디-르) 사장, 전무, 교장
الشركة	: (앗+샤리카투; 앗샤리카)	إلى اللقاء	: (일랄 리까-아) 안녕, 또 만나요.
مع السلامة	: (마아 쌀라-마티; 마아 쌀라-마) 안녕, 잘가요.		

القواعد

1인칭 연결 인칭대명사

ي__ : (니) 나의

بلدي = ي + بلد (발라디) 나의 나라

نَا__ : (나) 우리의

بلدنا = نا + بلد (발라두나) 우리의 나라

توسيع الكلمات والتعبيرات

※ **مدير : (무디-르) 실무 책임자, 책임자**
رئيس : (라이-쓰) 장, 대표 회장 등의 의미로 쓰인다.

1) مدير الجامعة : (무디-룰 자-미아) 대학총장
2) مدير المدرسة : (무디-룰 마드라싸) 학교장
3) مدير المستشفى: (무디-룰 무쉬타쉬파) 병원장
4) مدير المصنع : (무디-룰 마스나아) 공장지배인
5) مدير التشريفات : (무디-루 타쉬리파-트) 의전국장

الثقافة | 아랍 친구

아랍어의 친구(صديق : 사디-끄)란 단어는 진실하고 정직하고 믿어주는 자란 의미를 담고 있다. 예언자 무함마드가 하나님의 계시를 받고 산에서 내려와 설교를 하는 곳마다 사람들 모두가 그를 정신 병자로 취급하고 있을 때 아부 바크르가 그의 말을 믿고 그의 이슬람 운동을 지지하고 나서자, '당신이야 말로 진실한 친구(الصديق)' 라고 불렀는데 그 이후로 친구란 칭호가 붙어 아부 바크르 시디끼란 이름이 되어 버렸다.

이렇듯 아랍인들은 이슬람문화의 영향을 받아 친구를 소중히 여긴다. 친구를 믿거든 친구의 친구도 존중하고 대접하라는 가르침에 따라 친구를 맞이해 주는 것 이상으로 친구의 친구, 친구의 소개를 받아 온 사람에게도 극진하게 친절을 베풀어주는 모습을 볼 수 있다. 친구가 배반하지 않는 한 먼저 친구를 배반하는 일이 없다고 말할 정도이며 일천명의 아는 사람보다 진정한 한 명의 아랍인 친구가 있다면 아랍인들을 모두 소개 받을 수 있다고까지 말하는 사람도 있다.

인사와 가족소개 التحية وتعريف الأسرة

19 الدرس

내 가족을 소개하고 상대의 가족을 소개 받는 것은 서로를 더 친숙하게 만들어 준다. '누구' 인지 몰라서 물어볼 때에는 의문사 من (만)을 사용한다.

المحادثة

عبد المجيد : السلام عليكم .

앗쌀라-무 알라이쿰

압둘마지드: 안녕하세요.

السيد سون : وعليكم السلام .

와 알라이쿰 쌀람

손 선생: 안녕하세요.

عبد المجيد : هذه صورة أسرتي .

하디히 쑤-라투 우수라티

압둘마지드: 이것은 제 가족 사진입니다.

السيد سون : ما شاء الله !

마 샤아 알라!

손 선생: 멋있다!

(하나님께서 원하셨던 것이에요).

من هذا ؟

만 하다?

이분은 누구에요?

عبد المجيد : هذا والدي . هو مهندس .

하다 왈-리디, 후와 무한디스

압둘마지드: 이 분은 나의 아버지인데 기술자이에요.

السيد سون : ومن هذه ؟

와 만 하디히?
손 선생: 그리고 이분은 누구지요?

عبد المجيد : هذه والدتي . هي طبيبة .

하디히 왈-리다티. 히야 따비-바
압둘마지드: 이 분은 나의 어머니인데 의사입니다.

السيد سون : ومن هذا ؟

와 만 하다?
손 선생: 그리고 이 분은 누구세요?

عبد المجيد : هذا أخي . هو طالب .

하다 아키. 후와 딸-립
압둘마지드: 이는 나의 남동생으로 학생이에요.

السيد سون : ومن هذه ؟

와 만 하디히?
손 선생: 그리고 이 분은 누구세요?

عبد المجيد : هذه أختي . هي معلمة .

하디히 우크티. 히야 무알리마
압둘마지드: 그녀는 여동생이며 선생님이에요.

السيد سون : ما شاء الله !

마 샤 알라
손 선생: 다복하고 훌륭하군요!
(하나님께서 원하셨던 것이에요).

الكلمات

هذه	:	(하디히) 이것(여성)	صورة	:	(쑤-라툰; 쑤-라) 사진, 그림
أسرتي	:	(우쓰라티) 나의 가족	ما شاء الله	:	(마 샤 알라) 하나님의 뜻이었다.
من	:	(만; 민) 누구(who)	هذا	:	(하다) 이것(남성)
والدي	:	(왈-리디) 나의 아버지	مهندس	:	(무한디순; 무한디스) 기술자, 엔지니어
والدتي	:	(왈-리다티) 나의 어머니	طبيبة	:	(따비-바툰; 따비-바) 여의사
أخي	:	(아키) 나의 남자 형제	طالب	:	(딸-리분; 딸-립) 남학생
أختي	:	(우크티) 나의 여자 형제	معلمة	:	(무알리마툰; 무알리마) 여선생님

القواعد

의문사

예(نعم : 나암), 아니오(لا : 라)의 대답을 요구하는 의문사(حرف الاستفهام : 하르퓰 이스티프함)는 할(هل) 과 아(أ)가 있다. 문장 서두에 오며 문장 끝을 올려 말한다.

هل أنت طالب ؟

(할 안타 딸-리분?)
당신은 남학생인가요?

توسيع الكلمات والتعبيرات

※ 가족과 관련된 어휘

1) عم : (암문) 삼촌, 큰 아버지. '아저씨'라고 부를 때도 이 단어가 사용되며 일부 지역에서는 '장인'을 말할 때도 사용하는 곳이 있다. عمة : (암마툰) 고모 ابن العم : (이부눌 암미) 사촌
2) خال : (칼-룬) 외삼촌 خالة : (칼-라툰) 이모
3) جد : (잗둔) 할아버지, 조상, 선조 أبو الجد : (아부 잗드) 증조할아버지 جد للجد : (잗둔 리잗디) 고조할아버지 جدة : (잗다툰) 할머니

الثقافة | 다복하시군요!

마샤알라(ما شاء الله)에서 마(ما)는 영어의 what, 샤아(شاء)는 원했다, 알라(الله)는 하나님이다. 은혜를 받은 자, 좋은 일이 있었던 아랍인들과 무슬림들이 무척 즐겨 쓰는 표현이다.

1) 자동차를 구입한 사람에게, '야 차 멋있다.' 아이를 출산한 여성의 남편에게, '축하해.'
2) 무엇인가를 썩 잘했을 때, '이 녀석 아이 귀여워!' 등 어린아이의 귀여운 행위나 언행을 칭찬할 때, 그림을 그리고 아이를 칭찬할 때, '참 잘 그린다' 또는 '그림 참 멋있다.'
3) 미모가 출중한 여인을 보고 감탄하여 나오는 소리로, '정말 아름답다.'
4) '자녀는 몇 명입니까?' 라고 묻자, '아들 딸 모두 10 명입니다.'라고 대답하는 사람에게, 다복하시군요.' 라는 의미 등 여러 가지 경우에 다목적으로 사용할 수 있는 표현이다.
5) 처음 교복을 입고 부모님 앞에 서 있는 자녀를 보고, '벌써 학생이 되었네.' 직장에 첫 출근을 하기 위해 정장을 한 남편을 본 부인이, '아! 우리 남편 멋지다.'
6) 어린 아이 때 보았던 아이가 청소년으로 성장해있는 모습을 보고, '많이 컸구나! 이제 청년이 되었구나!'
7) 새집을 산 친구 집에 초대를 받아 방문을 열고 들어가 이곳 저곳을 보면서, '야! 참 좋다! 나도 이런 집에 한번 살아보았으면 좋겠다!.' 라고 표현하고 싶을 때도 사용된다. 직역하면 '하나님께서 원했던 것이다.' 라는 뜻이다.

아랍 여성의 의상

الزي العربي للنساء

여성 전통의상을 입고 있는 소녀

الفتاة بالزي التقليدي للنساء

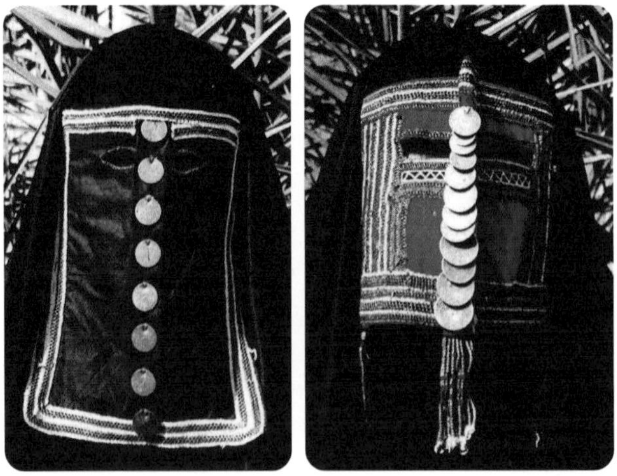

베일의 종류

أنواع الخمار والنقاب

الموضوع الخامس

5

생일과 결혼

20 | 생일 초청

21 | 생일 축하

22 | 신혼과 권태기

이슬람문화권의 생일잔치와 결혼문화는 이슬람문화의 영향을 많이 받고 있다는 공통점을 갖고 있으나 아랍 국가에 따라 큰 차이를 보이는 경우도 있다. 사우디아라비아를 비롯한 아라비아 반도에 위치한 아랍국가들, 리비아를 비롯한 아프리카 북부 지중해를 접하고 있는 아랍국가들, 수단을 비롯한 아프리카 중부에 위치한 아랍국가들, 모로코를 비롯한 프랑스의 지배를 받은 아랍국가들, 레바논과 같이 기독교가 많이 전파되어 있는 아랍국가의 생일잔치나 결혼문화는 많은 차이를 보이고 있다.

이슬람문화가 지배적인 아랍국가일수록 생일문화가 별다른 의미를 갖지 못한다. 이슬람의 대표적 인물인 예언자 무함마드의 탄생일에 별다른 의미가 부여되지 않기 때문에 일반 사람들의 생일에도 큰 의미가 부여되지 않는다. 기독교의 예수 탄생일이 큰 의미를 갖는 것과는 대조를 이루고 있다. 그러나 서구교육을 받은 아랍인 가정이나 아랍 기독교인들 가정에서는 생일문화가 어느 정도 보편화되어 있다.

아랍의 결혼문화 역시 국가와 지역에 따라 다양할 뿐이다. 이슬람문화와 지역 전통문화가 혼합된 아프리카 아랍국가들의 결혼문화, 이슬람과 기독교 및 서구문화가 혼합된 결혼문화, 이슬람과 사막 유목민 문화가 혼합된 아라비아반도의 결혼문화 등 지역과 종교와 서구교육의 영향에 따라 다양한 결혼문화상을 보이고 있다. 경제적 여유가 있는 가정에서는 호텔 예식장을 빌리고 악단을 초청하여 3일 이상 결혼잔치를 하기도 한다. 결혼식에 초대받았을 때 가벼운 선물은 준비해도 좋으나 축의금 문화는 없다. 남성이 신부의 모습을 보고 싶거나 여성이 신랑의 모습을 보고 싶어도 볼 수 없는 나라들도 있다. 남자는 남자끼리 그리고 여성은 여성끼리의 문화가 보편화된 지역은 아라비아반도에 위치한 나라들로 사우디아라비아가 대표적이다.

생일 초청 الدعوة إلى حفلة عيد الميلاد

20 الدرس

소유를 나타낼 때 우리말에서는 '가지다' 라는 동사를 쓰지만, 아랍어에서는 عند (에인다) 라는 단어를 쓴다. 즉, '내가 책을 갖고 있는' 것이 아니라, '책이 나에게 있는.' 것으로 표현된다.

المحادثة

ايمان : ألو .

알루

이만: 여보세요.

عبد المجيد : ألو ، السلام عليكم .

알루, 앗쌀라-무 알라이쿰

압둘마지드: 잘 있지?.

ايمان : وعليكم السلام .

알라이쿠뭇 쌀람

이만: 너도 잘 있지?

أهلا ، عبد المجيد .

아흘란, 압둘마지드

압둘마지드, 반갑다.

عبد المجيد : أهلا وسهلا.

아흘란 와 싸흘란

압둘마지드: 반갑다.

كيف حالك يا ايمان؟

케이파 할-루키 야 이만?

이만, 어떻게 지내고 있어?.

ايمان : بخير والحمد لله

비카이르 왈함두릴라

이만: 하나님 덕분에 잘 지내고 있어.

وأنت ؟

와 안타?

그런데 너는?

عبد المجيد : بخير والحمد لله .

비카이르, 왈함두릴라

압둘마지드: 나도 하나님 덕분에 잘 지내

هل أنت فاضية هذه الليلة ؟

할 안티 파-디야 하디힐 라일라?

오늘 저녁 시간 있어?

ايمان : نعم . ولماذا ؟

나암. 와 리마-다?

이만: 그래. 그런데 왜?

عبد المجيد : عندي حفلة .

에인디 하플라

압둘마지드: 나에게 파티가 있거든.

ايمان : حفلة ! ما المناسبة ؟

하플라! 말 무나-싸바?

이만: 파티라고! 무슨 일로?

عبد المجيد : اليوم عيد ميلادي .

알야움 이-두 밀라-디

압둘마지드: 오늘 내 생일이야.

الكلمات

ألو : (알루) 여보세요(hellow)

أنت : (안타; 엔타) 당신(2인칭 남성)

الليلة : (알+라일라투; 알라일라) 밤

عندي : (에인디) 내가 갖고 있다.

ما : (마) 무엇(what)

هل : (할) 의문사

فاضي : (파-디) 텅빈, 한가한

لماذا : (리마-다) 왜(why)

حفلة : (하플라툰; 하플라) 파티, 연회

المناسبة : (알+무나-싸바투; 알무나-싸바) 경우, 기회

القواعد

의문대명사

'예'나 '아니오'의 대답이 아니라 구체적인 대답을 요구할 때 다음의 의문대명사를 문장 서두에 두어 의문문을 만든다.

من : (만; 민) 누구(who)

ما : (마) 무엇(what)

ماذا : (마-다) 무엇(what)

متى : (마타; 미타) 언제(where)

أين : (아이나; 웬) 어디에(where)

كم : (캄) 얼마나(how much)

لماذا : (리마-다) 왜(why)

كيف : (카이파; 케이파) 어떻게(how)

توسيع الكلمات والتعبيرات

※ عند : (에인다) …을 가지고 있다. …이 있다.

1) هل عندك الوقت ؟ : (할 에인다카 와끄트?) 시간 있어요?
2).عندي الموعد : (에인디 마우이드) 저는 약속이 있어요.

※ ل : (리) …을 가지고 있다. …이 있다.

1) هل لك أخ ؟ : (할 라카 아쿤?) 당신에게 남자 형제 있어요?
2) . نعم ، لي أخ واحد : (나암, 리 아쿤 와-히둔) 예, 저에게는 한명의 형제가 있어요.
※ 사람일 경우에는 ل (리)를 사용한다.

الثقافة | 생일 축하

기독교의 문화가 예수 중심의 문화라고 한다면 아랍과 이슬람 사회의 문화는 하나님 중심의 문화라고 말할 수 있다. 그래서 기독교에서는 예수 탄생일을 대단히 중요시 여긴다. 그 결과 그의 탄생일을 축하하는 크리스마스가 기독교 문화권의 대표적인 명절이 되었고 예수 중심의 기독교 문화가 발달되었다.

한편 이슬람의 절대적 영향을 받고 있는 아랍 문화권에서는 예언자 무함마드의 탄생일을 기념하는 특별한 행사가 거의 없다. 모든 인간은 하나님의 피조물로 간주되기 때문에 한 인간에 불과한 무함마드가 중심이 된 명절이나 문화가 발달하기 어려운 환경이다. 예언자 무함마드의 생일이 별다른 의미를 갖지 않다 보니 인간의 생일도 큰 의미를 갖지 못한다. 자신의 생년월일을 알지 못하는 아랍인들이 많을 뿐만 아니라 여권에 기록된 자신의 생일도 기억하지 않는 아랍인들도 있다. 그러나 기독교 계통의 아랍인들은 예수의 탄생을 기념하는 것처럼 다른 사람의 생일을 축하해 주기도 하고 자신의 생일에 대한 축하를 받기도 한다. 최근에는 서구문화의 영향으로 어린이들의 생일을 챙겨주는 아랍인들이 늘고 있다.

생일 축하 مبروك على عيد الميلاد

21
الدرس

의문사들을 활용하여 다양한 표현을 할 수 있다. مبروك (마브룩)은 축하를 해주는 어느 상황에서나 사용 가능한 표현이다.

المحادثة

حسين : كل عام وأنت بخير .

쿨루 암 와 안타 비카이르

후세인: 매년 좋은 일만 있기 바래요.

عبد المجيد : وأنت كذلك . شكرا .

와 안타 카달리카. 슈크란

압둘마지드: 너도 그렇게 되기를 바래. 고맙다.

هل تستطيع الحضور ؟

할 타스타띠-울 후두-르?

참석할 수 있어?

حسين : نعم . بكل سرور

나암. 비쿨리 쑤루-르

후세인: 그래. 기꺼이.

وبكل تأكيد .

와 비쿨리 타으키-드

그리고 확실히.

متى موعد الحفلة ؟

마타 마우이둘 하플라?
파티는 몇 시지?

عبد المجيد : الساعة السابعة مساء .

앗싸-아 싸-비아 마싸-안
압둘마지드: 오후 7시야.

حسين : أين ؟

아이나?
후세인: 어디서?

عبد المجيد : في حديقة بيتي .

피 하디-까티 바이티
압둘마지드: 우리집 정원에서.

حسين : عفوا ، عبد المجيد ،

아프완, 압둘마지드
후세인: 미안한데, 압둘마지드.

كم رقم تليفونك ؟

캄 라깜 텔레푸-니카?
너의 전화번호가 어떻게 되지?

عبد المجيد : رقم تليفوني

라깜 텔레푸-니
압둘마지드: 나의 전화번호는

١٢٣٤

와-히드, 이쓰넨. 쌀라-싸, 아르바아
일, 이, 삼, 사야.

حسين : شكرا ، إلى اللقاء في الحفلة .

슈크란, 일랄 리까-아 필 하플라
후세인: 고마워, 파티에서 만나.

الكلمات

اليوم : (알+야우무; 알야옴) 오늘	عيد : (이-둔; 이-드) 축제, 명절
ميلادي : (밀라-디) 나의 탄생	كل عام : (쿨루 아-민; 쿨루 암) 매년
تستطيع : (타쓰타띠-우) 당신은 ... 할 수 있다.	الحضور : (알+후두-루; 알후두-르) 참석
بكل سرور : (비쿨리 쑤루-린; 비쿨리 쑤루-르) 기꺼히	بكل تأكيد : (비쿨리 타우키-딘; 비쿨리 타우키-드) 확실히
الساعة : (앗+싸-아투; 앗싸-아) 시간, 시계	السابعة : (앗+싸-비아투; 앗싸-비아) 일곱번째
مساء : (마싸-운; 마싸) 저녁, 오후	أين : (아이나) 어디에(where)
حديقة : (하디-까툰; 하디-까) 정원	بيتي : (바이티) 나의 집
كم : (캄) 얼마(how much)	رقم : (라꿈; 라깜) 번호
تليفونك : (텔레푸-누+카) 당신의 전화	لحظة : (라흐자툰; 라흐자) 순간, 잠깐
إن شاء الله : (인샤알라) 하나님의 뜻이라면	مع السلامة : (마아 쌀라-마티; 마아 쌀라-마) 안녕, 잘 가.

القواعد

단수, 쌍수, 복수

아랍어 명사는 단수(المفرد : 알무프라두), 쌍수(المثني : 알무싼나), 복수(الجمع : 알자므우)가 있다. 단수는 하나를 가리키고 쌍수는 명사 어미에 알리프(ألف)와 눈(نون) 또는 야(ياء)와 눈(نون)이 첨가된다. 그리고 복수는 셋 이상을 의미하며, 명사에 따라 규칙 또는 불규칙적으로 변화한다.

1) 단수 : طالب (딸-리분) 한 명의 남학생
2) 쌍수 : طالبان (딸리바-니) 두 명의 남학생
3) 복수 : طلاب (뚤라-분) 남학생들

توسيع الكلمات والتعبيرات

※ لحظة : (라흐자툰): 순간, 일순간, 눈길, 시선

1) في لحظة : (피 라흐자틴) 순간적으로, 순식간에
2) في آخر لحظة : (피 아-키리 라흐자틴) 마지막 순간에
   ※ دقيقة واحدة : (다끼-까탄 와-히다) 1분만, 잠깐만
   ※ ثانية واحدة : (싸-니야 와-히다) 1초만, 잠깐만

الثقافة | 인샤알라

아랍국가와 이슬람 국가에 가서 이방인이 제일 이해하기 어려운 말이 인샤알라(إن شاء الله)라는 말이라고 한다. 자구적 풀이는 '하나님의 뜻대로' 라는 의미인데, 상대방이 '인샤알라' 로 대답했을 때 어떻게 받아 들여야 할지 판단이 서지 않는다고들 말한다. 책임을 회피하기 위한 아랍인들과 무슬림들의 상투적인 표현, 책임 못 질 이야기를 되풀이하다가 더 이상 할 말이 궁할 때, '나 몰라' 라고 쓰는 표현이라고 말하는 사람도 있다. 약속에 대한 답으로, 예(نعم)나 아니오(لا)가 아니라 인샤알라로 대답하는 이슬람인의 마음은 믿을 수가 없다고 말하는 사람도 있다. 된다는 뜻인지 안된다는 뜻인지, 가능성이 있다는 의미인지 없다는 말인지, 부정적인 대답인지 긍정적인 대답인지 도대체 기준을 잡을 수가 없다는 사람도 있다.

꾸란 18장 23-24절의 내용에 의하면 하나님께서 몇 명의 젊은이들로 하여금 동굴 속에서 오랫동안 잠들게 하였다고 한다. 309년이 지난 후에야 하나님은 수면에 빠져 있는 그들을 깨웠다. 잠에서 깨어난 젊은이들은 자신들이 309년 동안이나 긴 수면에 있었다는 사실을 전혀 느끼지 못하고 현실에 대하여 논쟁을 하였다는 사건이 있었는데 사람들이 예언자 무함마드에게 이 사건에 대하여 질문을 하였다. 예언자는 내일(غدا :가단) 알려주겠다고 대답하였다고 한다. 그런데 이 일에 대한 하나님의 계시는 15일이 지나서야 내려졌다. 이 계시에서 하나님은 무함마드에게, 만사는 하나님의 뜻 안에서 이루어지는 것이므로 어떤 일에 대해서 내일 또는 모레라 약속하지 말고 인샤알라로 대답하라고 계시하였으며 그 이후로 아랍인들과 전 세계 모든 무슬림들의 일상생활 언어가 되었다.

이와 같이 아랍인들과 무슬림들이 사용하는 인샤알라는 책임을 회피하기 위해 사용하는 상투적인 표현이라기보다는 꾸란의 가르침에 따라 15세기 동안 사용해 오고 있는 일상적인 생활언어다. '인샤알라'는 하나님께서 인간에게 부여한 지혜로 매사에 최선을 다한 후의 결과는 인간의 책임이 아니고 하나님의 뜻이라는 의미로도 해석되고 있다. 아랍인들과 무슬림들이 일상적으로 사용하는 '인샤알라'를 부정적인 의미로 생각하고서 그들의 마음의 문을 두드리지 않는다면, '인샤알라', 즉 하나님의 뜻에 따라 그들의 마음이 열리지 않을 것이다. 그러나 그 표현을 긍정적으로 생각하고 최선을 다한다면, '인샤알라', 즉 하나님의 뜻에 따라 모든 아랍인들과 무슬림들의 마음이 열린다는 것이 필자가 아랍세계와 이슬람세계에서 오랫동안 체류하면서 얻은 경험이자 교훈이다.

신혼과 권태기 شهر العسل وشهر البصل

22
الدرس

아랍어에는 재미있는 표현들이 많다. شهر البصل **(샤흐르 바쌀: 양파의 달, 즉 권태기의 달),** شهر العسل **(샤흐르 아쌀: 꿀의 달, 즉 신혼의 달) 역시 그러하다. 초면이 아니라면 이러한 질문은 대화자간의 분위기를 재미있게 만들어 줄 수 있는 표현이다.**

المحادثة

السيد سون : مساء الخير .

마싸–울 카이르
손 선생: 좋은 오후 되세요.

عبد المجيد : مساء النور

마싸–운 누–르
압둘마지드: 빛나는 오후 되세요.

السيد سون : كم عمرك ؟

캄 우무루카?
손 선생: 당신의 나이가 몇이지요?

عبد المجيد : ثلاثون عاما . وأنت ؟

쌀라쑤–나 아–만. 와 안타?
압둘마지드: 서른 살인데, 당신은요?

السيد سون : عمري أيضا ثلاثون عاما .

우무리 아이단 쌀라쑤–나 아–만
손 선생: 내 나이도 역시 서른 살이에요.

عبد المجيد : ما حالتك الاجتماعية ؟

마 할–라투칼 이즈티마–이야?
압둘마지드: 기혼이에요, 미혼이에요?

السيد سون : أعزب ، وأنت ؟

아으잡, 와 안타?

손 선생: 총각이에요, 당신은요?

عبد المجيد : أنا متزوج .

아나 무타자우위즈

압둘마지드: 저는 결혼했어요.

السيد سون : هل أنت في شهر العسل ؟

할 안타 피 샤흐릴 아쌀?

손 선생: 당신은 신혼(꿀의 달)인가요?

عبد المجيد : لا ، أنا الآن في شهر البصل .

라, 아나 알아-나 피 샤흐릴 바쌀

압둘마지드: 아니요, 저는 지금 권태기(양파의 달)이에요.

السيد سون : ما معنى شهر البصل ؟

마 마으나 샤흐릴 바쌀?

손 선생: 권태기(양파의 달)란 무슨 의미지요?

عبد المجد : لا يفهم هذا المعنى الا المتزوج .

라 야프하무 하달 마으나 일랄 무타자우위즈

압둘마지드: 기혼자 외에는 이 의미를 이해하지 못하지요.

السيد سون : متى يأتي شهر البصل ؟

마타 야으티 샤흐를 바쌀?

손 선생: 권태기(양파의 달)는 언제 오지요?

عبد المجد : بعد شهر العسل طبعا .

바으다 샤흘릴 아쌀 따브안

압둘마지드: 물론 신혼(꿀의 달)의 달 다음에요.

الكلمات

مساء	: (마싸-운; 마싸) 오후, 저녁	الخير	: (알+카이루; 알카이르) 좋은, 선
النور	: (안+누-루; 안누-르) 빛	كم	: (캄) 얼마(how much)
عمرك	: (우무루+카) 당신의 나이	ثلاثون	: (쌀라쑤-나; 쌀라씬) 서른, 30
عام	: (아-문; 암) 년, 해	أيضا	: (아이단) 역시
حالتك	: (할-라투+카) 당신의 상태	الاجتماعية	: (알+이즈티마-이야투; 알이즈티마-이야) 사회
أعزب	: (아으자분; 아으잡) 독신, 미혼	غير	: (가이루; 가이르) … 가 아닌
متزوج	: (무타자우위준; 무타자우위즈) 결혼한, 기혼의	شهر	: (샤흐룬; 샤흐르) 달(month), 월
العسل	: (알+아쌀루; 알아쌀) 꿀	هل	: (할) 의문사
الآن	: (알아-나) 지금	في	: (피) … 안에(in)
البصل	: (알+바쌀루; 알바쌀) 양파	معنى	: (마으나) 의미, 뜻
لا	: (라) 아니요(no)	يفهم	: (야프하무; 야프함) 이해하다.
هذا	: (하다) 이것	الا	: (일라) … 을 제외하고

القواعد

아랍어 품사와 문장

아랍어 품사(كلمة : 칼리마)는 명사(اسم : 이쓈), 동사(فعل : 피을), 전치사(حرف : 하르프)로 분류되며 문장은 두 단어 이상으로 구성되고 명사문장과 동사문장이 있다.

توسيع الكلمات والتعبيرات

※ يوم : (야움) 날, 한 주야, 때

1) يوم : (야움) 날, 한 주야, 때. (복수 أيام : 아이얌) اليوم : (알야움) 오늘, 현재

يوم أبيض : (야우문 아브야드) 운이 좋은 날(하얀 색의 날) يوم أسود : (야우문 아쓰와드) 운이 나쁜 날(검은 색의 날)

ابن الأيام: (이브눌 아이얌) 산전수전 다 겪은 사람 ابن اليوم : (이브눌 야우미) 현대인

اليوم الآخر : (알야우물 아-키리) 종말, 내세, 끝장 يوم الدين : (야우뭇딘) : 심판의 날

يوم القيامة : (야우물 끼야-마) 부활의 날 يوم رأس السنة : (야우뭇 라으씨 싸나) 새해

يوم عطلة : (야우무 우뜰라) 비번의 날, 공휴일 يوم الأشغال : (야우물 아쉬갈) 근무하는 날, 당직의 날

2) أسبوع : (우쓰부-으) 일주일. (복수 أسابيع : 아싸-비으) كل أسبوع : (쿨루 우쓰부-인) 매주

قبل أسبوع : (까블라 우쓰부-인) 일주일 전에 بعد أسبوع : (바으다 우쓰부-인) 일주일 후에

3) شهر : (샤흐룬) 월, 년 중의 달. (복수 أشهر : 아슈후룬) شهر العسل : (샤흐룰 아쌀) 신혼 달(꿀의 달)

شهر البصل : (샤흐룰 바쌀) 권태기(양파의 달) رأس شهر : (라으쑤 샤흐린) 초승달(그 달의 머리)

4) سنة : (싸나툰) 년. (복수 سنوات : 싸나와-툰) رأس السنة : (라으쑤 싸나티) 설날, 새해, 년 초

كل سنة : (쿨루 싸나틴) 매년

كل سنة وأنت طيب : (쿨루 싸나 와 안타 따이입) 매년 좋은 일만 있기 바랍니다.

الثقافة | 신혼과 권태기

서둘러야 할 것이 있다면 선행을 할 때와 사람이 죽었을 때 장례를 치르는 일과 성년이 된 딸을 시집 보내는 것이라는 예언자 무함마드의 가르침에 따라 아랍 사회에서의 결혼 풍습은 중매에 의한 조혼이 보편화되어 있다. 일찍 결혼하다 보면 권태기도 빨리 오기 마련이다. 아랍인들은 달콤한 신혼생활을 꿀같이 달콤하다는 의미의 달(شهر العسل: 샤흐룰 아쌀), 그리고 권태기를 양파처럼 벗기고 벗겨도 항상 똑 같다는 의미의 달(شهر البصل :샤흐룰 바쌀)로 표현하고 있다.

학생들이 최신형 전자제품을 사용하고 있다

الطلاب يستعملون آخر طراز الإلكترونيات الحديثة

아랍 책

كتاب عربي

아랍어 광고와 영어 광고

إعلانات بالعربية والإنجليزية

6 الموضوع السادس

숫자와 시간

오늘날 전 세계에서 공통적으로 사용하고 있는 아라비아 숫자와 아랍 숫자는 전혀 다르다. 주의할 점은 아라비아 숫자의 0에 해당하는 아랍 숫자는 점(.)이며, 아랍 숫자 ٢(2)와 ٣(3)이 필기체로 쓰여 있을 때 식별하기가 어렵다는 것, 그리고 아랍 숫자 ٥(5)가 아라비아 숫자 0과 비슷하다는 점을 생각하고 있어야 한다. 아랍어 글자는 오른쪽에서 왼쪽으로 읽는데 반하여 아랍 숫자는 아라비아 숫자처럼 주로 왼쪽에서 오른쪽으로 읽는다. 그리고 11부터 19까지의 숫자는 1단위를 먼저 읽고 나서 10단위를 읽기 때문에 이 부분 역시 빨리 알아 듣기 어려운 부분이다.

프랑스의 식민지 통치를 받았던 모로코, 알제리, 튀니지, 레바논 등을 제외하고는 대부분의 아랍국가와 이슬람 국가들은 금요일을 공휴일로 채택하고 있다. 그러므로 이슬람 사회의 목요일은 한국의 토요일에 해당되며, 한국 사회에서 한 주가 시작되는 월요일은 아랍 이슬람사회에서는 토요일이다. 우리나라와의 시차(時差)는 섬머타임의 적용여부에 따라 6-7시간 차이가 나며 우리나라에서 정오 12시면 그곳에서는 오전 아침 6시 또는 7시가 된다.

아랍에서는 하루에 다섯 차례 예배생활이 일상화되어 있기 때문에 예배 명칭과 그 시간을 전후로 하여 시간을 말하고 약속을 하는 것이 더 편리할 때가 많으며 약속이 더 정확할 때가 많다. 새벽의 파즈르 예배, 정오의 주흐르 예배, 한 낮의 아스르 예배, 석양의 마그립 예배, 저녁의 이샤 예배가 있다.

숫자 الأعداد

23
الدرس

오늘날 우리가 사용하는 숫자를 아라비아 숫자라고 말하지만 사실 아랍 숫자의 모양은 이와 약간 다르다. 숫자 표현은 여러 상황, 특히 비즈니스 대화에서 또는 가격 흥정에서 유용하게 쓰이므로 발음과 쓰는 법을 잘 익혀 두어야 한다.

المحادثة

عبد المجيد : صباح الخير .

사바-훌 카이르

압둘마지드: 좋은 아침이에요.

السيد سون : صباح النور .

사바-훈 누르

손 선생: 그래요. 아침햇살이 좋아요.

عبد المجيد : ماذا تفعل في هذا الوقت ؟

마-다 타프알루 피 하달 와끄트?

압둘마지드: 이시간에 무엇을 하세요?

السيد سون : أسمع راديو إ . بي . إيس .

아쓰마우 라디오 이비에쓰

손 선생: 저는 EBS 라디오를 들어요.

عبد المجيد : لماذا ؟

리마-다?

압둘마지드: 왜요?

السيد سون : لكي أتعلم اللغة العربية .

리카이 아타알라마 루가탈 아라비야

손 선생: 아랍어를 공부하기 위해서지요.

عبد المجيد : ماذا تعلمت ؟

마-다 타알람타?
압둘마지드: 무엇을 배웠지요?

السيد سون : تعلمت الأعداد .

타알람툴 아으다-다
손 선생: 저는 숫자를 배웠어요.

عبد المجيد : عد لي ما تعلمت .

웃디 리 마 타알람타
압둘마지드: 당신이 배운 것을 나에게 세어보세요.

السيد سون : صفر ، واحد ، اثنان ، ثلاثة ...

시프르, 와-히드, 이쓰나-니, 쌀라싸 ...
손 선생: 영, 일, 이, 삼 ...

الكلمات

صباح	:	(사바-훈; 사바-하) 아침
النور	:	(안누-루; 안누-르) 빛
تفعل	:	(타프알루) 당신이 행하다
أسمع	:	(아쓰마우) 나는 듣다
لكي	:	(리카이; 리케이) ...하기 위하여
اللغة العربية	:	(알루가툴 아라비야) 아랍어
تعلمت	:	(타알람투) 내가 배웠다
عد	:	(웃디) 세어보시오
الخير	:	(알카이루; 알카이르) 좋은
ماذا	:	(마-자) 무엇을
في هذا الوقت	:	(피 하잘 와끄티) 이 시간에
لماذا	:	(리마-자) 왜
أتعلم	:	(아타알라무; 아타알람) 나는 배우다.
تعلمت	:	(타알람타) 당신은 배웠다
الأعداد	:	(알아으다-드) 숫자
ما	:	(마) 것(what)

■ 숫자

(1) 0–10까지의 숫자

صِفر (시프룬; 시프르) 0

واحد (와–히둔; 와히드) 1

اثنان (이쓰나–니; 이쓰넨) 2

ثلاثة (쌀라–싸툰; 쌀라–싸) 3

أربعة (아르바아툰; 아르바아) 4

خمسة (캄싸툰; 캄싸) 5

ستة (씻타툰; 씻타) 6

سبعة (싸브아툰; 싸브아) 7

ثمانية (싸마–니야툰; 싸마–니야) 8

تسعة (티쓰아툰; 티쓰아) 9

عشرة (아샤라툰; 아샤라) 10

✱ 3–10 다음에 오는 단어는 남성복수 명사 소유격이 온다.

(2) 11–19까지의 숫자

أحدَ عشرَ (아하다 아샤라; 아하다아슈) 11

اثنا عشرَ (이쓰나 아샤라; 이쓰나아슈) 12

ثلاثة عشرَ (쌀라–싸타 아샤라; 쌀라싸 아샤라; 쌀라–싸타아슈) 13

أربعة عشرَ (아르바아타 아샤라; 아르바아 아샤라; 아르바아타아슈) 14

خمسة عشرَ (캄싸타 아샤라; 캄싸 아샤라; 캄싸타아슈) 15

ستة عشرَ (씻타타 아샤라; 씻타 아샤라; 씻타타아슈) 16

سبعة عشرَ (싸브아타 아샤라; 싸브아 아샤라; 싸브아타아슈) 17

ثمانية عشرَ (싸마–니아타 아샤라; 싸마니야 아샤라; 싸마–니아타아슈) 18

تسعة عشرَ (티스아타 아샤라; 티쓰아 아샤라; 티쓰아타아슈) 19

✱ 11–19 다음에 오는 단어는 남성단수 목적격이 온다.

(3) 10단위 숫자

عِشرون (이쉬루–나; 이쉬린) 20

ثلاثون (쌀라쑤–나; 쌀라씬) 30

أربعون (아르바우–나; 아르바인) 40

خمسون (캄쑤–나; 캄씬) 50

ستون (씻투–나; 씻틴) 60

سبعون (싸브우–나; 싸브인) 70

ثمانون (싸마누–나; 싸마닌) 80

تسعون (티쓰우–나; 티쓰인) 90

(4) 20부터는 1단위와 10단위 사이에 와(و)가 들어간다.

واحد وعشرون (와히둔 와 이슈루-나; 와히드 와이슈린) 21

اثنان وثلاثون (이쓰나-니 와 쌀라쑤-나; 이쓰넨 와쌀라씬) 32

ثلاثة وأربعون (쌀라싸-툰 와 아르바-우나; 쌀라-싸 와아르바인) 43

أربعة وخمسون (아르바아툰 와 캄쑤-나; 아르바아 와캄씬) 54

(5) 100단위와 10단위 사이에도 와(و)가 들어간다.

مئة(مائة) (미아툰; 미아) 100 　 مئتان (미아타-니; 미아텐) 200 　 مئات (미아-트) 수 백

مئة و خمسة عشر (미아툰 와 캄싸타 아샤라; 미아 와 캄싸타아쉬) 115

مئتان وعشرون (미아타-니 와 이슈루-나; 미아텐 와 이쉬린) 220

ثلاث مئة (쌀라-쑤 미아틴; 쌀라-싸 미아) 300

أربع مئة (아르바우 미아틴; 아르바 미아) 400

خمس مئة (캄쑤 미아틴; 캄쑤 미아) 500

ست مئة (씻투 미아틴; 씻타 미아) 600

سبع مئة (싸브우 미아틴; 싸브아 미아) 700

ثماني مئة (싸마-니 미아틴; 싸마-니 미아) 800

تسع مئة (티쓰우 미아틴; 티쓰우 미아) 900

(6) 1,000단위에도 와(و)가 들어간다.

ألف (알푼; 알프) 1,000

ألفان (알파-니; 알펜) 2,000

آلاف (알라-프) 수 천

ألف ومئتان (알푼 와 미아타-니; 알프 와미아텐) 1,200

ألف وخمسة وعشرون (알푼 와 캄싸툰 와 이슈루-나; 알프 와캄싸 와이슈린) 1,025

(7) 1,000,000단위에도 와(و)가 들어간다.

مليون (밀리윤) 1,000,000 　 مليونان (밀리유나-니; 밀리유넨) 2,000,000

ملايين (말라인) 수 백만 　 بليون (빌리윤) 10억

بليونان (빌리유나-니; 빌리유넨) 20억 　 بلايين (발라인) 수 십억

القواعد

주어

주어(الفاعل : 알파-일루)는 명사로서 담마(الضمة)이며 동사가 선행된다.

لعب الولد (라이바 알왈라두) 그 소년은 뛰어 놀았다.

جرى الحصان : (자라 알히싸-누) 그 말이 달렸다.

فاض النهر : (파-돠 안나흐루) 그 강이 넘쳤다.

سافر التاجر : (싸-파라 앗타-지루) 그 상인은 여행을 떠났다.

يضحك الناس : (야드하쿠 안나-쑤) 사람들이 웃고 있다.

تأكل البنت : (타으쿨루 알빈투) 그 소녀는 먹고 있다.

تبكي المرأة : (타부키 알마르아투) 그 여성이 울고 있다.

التدريبات

아랍어로 말해보세요.

01 당신은 이 시간에 무엇을 하세요? ____________________

02 나는 음악을 들어요. ____________________

03 나는 아랍어를 공부합니다. ____________________

توسيع الكلمات والتعبيرات

※ أسمع : (아쓰마우) 나는 청취한다.
أسمع أغنية المهد : (아쓰마우 우그니야탈 마흐디) 나는 자장가를 듣는다.

※ أشاهد : (우샤-히두) 나는 시청한다.
أشاهد التلفزيون بعد العشاء : (우샤-히두 텔레비지욘 바으다 아샤) 나는 저녁 식사 후 TV를 시청한다.

الثقافة | 숫자

오늘날 전 세계에서 공통적으로 사용하고 있는 아라비아 숫자를 한국인들은 아랍 숫자로 알고 있다. 그러나 우리가 알고 있는 아라비아 숫자는 아랍 상인들이 인도를 드나들면서 그곳 사람들이 사용하던 숫자를 유럽에 전하게 되었는데 유럽인들이 아랍 상인들이 사용한 숫자를 아랍 숫자로 알게 되었고 우리 역시 유럽인들이 전한 숫자를 아라비아 숫자로 알게 되었다는 설이 있다.

아랍인들이 사용하고 있는 아랍 숫자는 다음과 같다.

٠(0) ١(1) ٢(2) ٣(3) ٤(4) ٥(5) ٦(6) ٧(7) ٨(8) ٩(9)

주의할 점은 아라비아 숫자의 0이 점(٠)이라는 점과, 2(٢)와 3(٣)이 필기체로 쓰여 있을 때 식별하기가 어렵다는 것, 그리고 5(٥)가 아라비아 숫자 0과 혼돈이 된다는 점을 생각하고 있어야 한다. 다른 주의점은 아랍어 글자는 오른쪽에서 왼쪽으로 읽는데 반하여 아랍 숫자는 아라비아 숫자처럼 왼쪽부터 읽어간다. 11부터 19까지의 숫자는 1단위를 먼저 읽고 나서 10단위를 말하기 때문에 이 부분 역시 빨리 알아듣기 어려운 부분이다.

요일과 달 الأسبوع والأشهر

24
الدرس

예언자 무함마드가 메카에서 메디나로 도읍을 옮긴 서력 622년이 이슬람력의 기원이 되고 있다. 이슬람력은 태음력으로 일년이 354일이다. 그래서 아랍 및 이슬람사회의 명절은 이슬람력에 따른 것이므로 일년이 365일인 태양력에 비하면 매년 11일씩 앞당겨 지는 셈이다.

المحادثة

عبد المجيد : وماذا تعلمت أيضا ؟

와 마-다 타알람타 아이단?
압둘마지드: 또 무엇을 배웠어요?

السيد سون : أيام الأسبوع .

아이야-말 우쓰부-으
손 선생: 요일요.

عبد المجيد : ما هي ؟

마 히야?
그것은 무엇이지요?

السيد سون : يوم الأحد ، يوم الإثنين ...

야우물 아하드, 야우물 이쓰나이니 ...
일요일, 월요일 ...

عبد المجيد : أحسنت .

아흐싼타
압둘마지드: 잘했어요.

السيد سون : شكرا .

슈크란
손 선생: 감사해요.

ما هي أسماء الشهور ؟

마 히야 아쓰마-우 슈후-르?
달 이름은 어떻게 되지요?

عبد المجيد : يناير ، فبراير ، مارس ...

야나-이르, 파브라-이르, 마-리스 ...
압둘마지드: 1월, 2월, 3월,

السيد سون : أشكرك .

아슈크루카
손 선생: 감사합니다.

عبد المجيد : لا شكر على واجب .

라 슈크르 알라 와-집
압둘마지드: 천만에요, 당연한 일이지요.

السيد سون : مع السلامة .

마앗 쌀라-마
손 선생: 잘 있어요.

عبد المجيد : مع السلامة .

마앗 쌀라-마
압둘마지드: 잘 가세요.

الكلمات

أيضا : (아이단) 역시

الأسبوع : (알우스부-우) 주

شكرا : (슈크란) 감사해요

الشهور : (앗슈후-루; 앗슈후-르) 달들

واجب : (와-집) 의무

أيام : (아이얌) 날들

أحسنت : (아흐싼타) 당신은 잘했어요

أسماء : (아쓰마) 이름, 명칭

أشكرك : (아슈쿠르카) 나는 당신에게 감사한다

مع السلامة : (마앗 쌀라-마) 안녕

월

1. 서력

يناير (야나-이르) 1월

فبراير (피브라-이르) 2월

مارس (마-리쓰) 3월

أبريل (아브릴) 4월

مايو (마-유) 5월

يونيه (윤-유) 6월

يوليه (율-유) 7월

أغسطس (우그스투스) 8월

سبتمبر (씹탐비르) 9월

أكتوبر (아크투-바르) 10월

نوفمبر (누팜비르) 11월

ديسمبر (디-쌈비르) 12월

2. 이슬람력

محرم (무하르람) 1월

صفر (싸파르) 2월

ربيع الأول (라비울 아우왈) 3월

ربيع الآخر (라비울 아-키리) 4월

جمادى الأولى (주마달 울라) 5월

جمادى الآخرة (주마달 아아키라) 6월

رجب (라잡) 7월

شعبان (샤으반) 8월

رمضان (라마단) 9월

شوال (샤왈) 10월

ذوالقعدة (둘까으다) 11월

ذوالحجة (둘힛자) 12월

القواعد

목적어

목적어(المفعول به : 알마프울 비히)는 명사로서 만숩(منصوب)이며 주어의 영향을 받는다.

أكل الذئب <u>الخروف</u> (아칼라 디으부 알카루-파) 늑대는 <u>양들을</u> 잡아먹었다.

توسيع الكلمات والتعبيرات

※ 요일

يوم الأحد : (야우물 아하드) 일요일(첫째 날)
يوم الإثنين : (야우물 이쓰나이니) 월요일(둘째 날)
يوم الثلاثاء : (야우뭇 쑬라-싸) 화요일(셋째 날)
يوم الأربعاء : (야우물 아르비아) 수요일(넷째 날)
يوم الخميس : (야우물 카미-쓰) 목요일(다섯째 날)
يوم الجمعة : (야우물 주므아) 금요일(모이는 날)
يوم السبت : (야우뭇 쌉트) 토요일(여섯째 날)

الثقافة | 금요일의 의미

요일 암기는 숫자를 알고 나면 무척 쉽다. 즉 일요일은 첫째 날(يوم الأحد), 월요일은 둘째 날(يوم الإثنين), 화요일은 셋째 날(يوم الثلاثاء), 수요일은 넷째 날(يوم الأربعاء), 목요일은 다섯째 날(يوم الخميس), 금요일은 합동예배를 위해 모이는 날(يوم الجمعة), 토요일은 여섯째 날(يوم السبت)이기 때문이다.

프랑스의 식민지 통치를 받았던 모로코, 알제리, 튀니지, 레바논 등을 제외하고는 대부분의 아랍국가와 이슬람 국가들은 금요일을 공휴일로 채택하고 있다. 그러므로 이슬람 사회의 목요일은 한국의 토요일에 해당되며, 한국 사회에서 한 주가 시작되는 월요일은 이슬람 사회에서는 토요일이다. 우리나라와 대다수 아랍 및 이슬람권 지역과의 시차(時差)는 섬머타임의 적용여부에 따라 6-7시간 차이가 나며 우리나라에서 정오 12시면 그곳에서는 오전 아침 6시 또는 7시가 된다.

아랍어로 주므아(جمعة)라 불리는 금요일은 모임 또는 집회란 의미를 담고 있다. 이슬람 사원에 모여서 이맘(الإمام)의 설교(الخطبة : 쿠트바)를 듣는 날이다. 예언자 무함마드가 꾸란에 근거하여 이 날을 경배의 날로 선포하였기 때문이다. 예언자 무함마드의 언행록(الحديث : 하디스)에 따르면 금요일은 여러 가지 의미를 지니고 있다. 이 날 태양이 떠올랐고, 아담이 창조된 날이요 지상으로 내려온 날이며, 그가 회개한 날이요 또 임종한 날이다. 부활도 이 날 일어난다고 하였다. 예수가 4월 7일 요절하던 날이며 예언자 무함마드가 이슬람력 3월 12일 탄생하고 632년 5월 22일 사망한 날이다. 예언자 무함마드의 사위인 알리가 599년 6월 30일 그리고 그의 딸 파티마가 606년 6월 30일 사망한 날이며, 그의 외손자 후세인이 626년 12월 25일 태어난 날이다. 또 꾸란의 첫 계시가 내려진 날이며, 예언자 무함마드가 620년 3월 6일 메카에서 예루살렘을 거쳐 하늘로 신비한 밤 여행을 다녀온 날이요 예배의 방향(القبلة : 끼블라)이 624년 2월 9일 예루살렘에서 메카 쪽으로 전환된 날이라고 하였다. 이와 같이 이슬람에서 가장 중요시 되고 있는 사건들이 이 날 일어났다는 것으로 금요일이 중요시 되면서 공휴일이 되었다.

시간과 생활 الوقت والحياة

25 الدرس

시간표현은 우리 생활과 밀접하게 연관되어 있다. 시각은 서수를 사용하기 때문에 앞서 배운 기수와 약간 다르다.

المحادثة

عبد المجيد : في أي ساعة تقوم من النوم ؟

피 아이 싸-아틴 타꾸-무 미난 나움?
압둘마지드: 몇 시에 당신은 잠에서 일어나지요?

السيد سون : الخامسة والنصف .

알카-미싸타 완 니스프
손 선생: 5시 반이에요.

في أي ساعة تستيقظ من النوم ؟

피 아이 싸-아틴 타스타이끼주 미난 나움?
당신은 몇 시에 잠에서 깨지요?

عبد المجيد : أنا أستيقظ الرابعة والربع .

아나 아스타이끼주 아르라-비아타 와 루브으
압둘마지드: 저는 4시 15분에 깨어납니다.

وفي أي ساعة تتناول الفطور ؟

와 피 아이 싸-아틴 타타나-왈룰 푸투-르?
그리고 몇 시에 아침을 먹습니까?

السيد سون : أتناول الفطور السادسة والثلث

아타나-왈룰 푸투-르 앗싸-디싸타 와 쑬쓰
손 선생: 저는 6시 20분에 아침을 먹는데요.

وأنت ؟

와 안타?
당신은요?

عبد المجيد : السابعة إلا ربعا .

앗싸–비아타 일라 루부안
압둘마지드: 7시 15분 전에요.

السيد سون : في أي ساعة تبدأ عملك اليومي ؟

피 아이 싸–아틴 타브다우 아말라칼 야우미?
손 선생: 당신은 하루 일과를 몇 시에 시작하지요?

عبد المجيد : الثامنة صباحا .

앗싸–미나타 사바–한
압둘마지드: 아침 8시에 시작해서

وينتهي السادسة مساء .

와 얀타히 앗싸–디싸타 마싸–안
오후 6시에 끝나요.

الكلمات

الساعة	(앗+싸–아투; 앗싸–아) 시간, 시계		تقوم	(타꾸–무) 당신이 일어나다.
النوم	(안+나우무; 안나움) 잠		أقوم	(아꾸–무) 내가 일어나다.
الخامسة	(알+카–미싸투; 알카–미싸) 다섯번째		النصف	(안+니스푸; 안니스프) 절반, 2분의 1
تستيقظ	(타스타이끼주) 당신이 깨어나다.		أنا	(아나) 나는
أستيقظ	(아쓰타이끼주) 내가 깨어나다.		الرابعة	(아르+라–비아투; 아르라–비아) 네번째
الربع	(아르+루부으) 4분의 1		تتناول	(타타나–왈루) 당신이 먹다, 다루다.
الفطور	(알+푸뚜–루; 알푸뚜–르) 조반, 아침밥		أتناول	(아타나–왈루) 내가 먹다, 다루다.
السادسة	(앗+싸–디싸투; 앗싸–디싸) 여섯번째		الثلث	(앗+쑬쓰) 3분의 1
أنت	(안타; 엔타) 당신		السابعة	(앗+싸–비아투; 앗싸–비아) 일곱번째
إلا	(일라) … 을 제외하고		تبدأ	(타브다우) 당신이 시작하다.
عملك	(아말루+카) 당신의 일		اليومي	(알+야우미) 그날의
الثامنة	(앗+싸–미나투; 앗싸–미나) 여덟번째		صباحا	(사바–한) 오전에, 아침에
ينتهي	(얀타히) 끝나다.		مساء	(마싸–안) 오후에

القواعد

주부

명사와 명사로 구성된 문장에서 주부(المبتدأ : 알무브타다우)는 마르푸으(مرفوع)이며 문장 서두에 온다.

القطار سريع : (알끼따-루 싸리-운) 기차는 빠르다.
التفاحة حلوة : (앗투파-후 훌루와툰) 그 사과는 달다.
الصورة جميلة : (앗쑤-라투 자밀-라툰) 그 사진은 예쁘다.
النظافة واجبة : (안나좌-파투 와-지바툰) 청결은 의무다.
الجرى مفيد : (알자르유 무피-둔) 달리기는 유익하다.
الهواء متجدد : (알하와-우 무타잣디둔) 공기가 신선하다.
الأرض مستديرة : (알아르두 무쓰타디-라툰) 지구는 둥글다.

التدريبات

아랍어로 말해보세요.

01 나는 7시에 일어나요. ______________________

02 당신은 몇 시에 밥을 먹나요? ______________________

03 나는 7시 반에 밥을 먹어요. ______________________

توسيع الكلمات والتعبيرات

※ 서수

1) الأول : (알아우왈루) 첫 번째
2) الثاني : (앗싸–니) 두 번째
3) الثالث : (앗쌀–리쑤) 세 번째
4) الرابع : (아르라–비우) 네 번째
5) الخامس : (알카–미쑤) 다섯 번째
6) السادس : (앗싸–디쑤) 여섯 번째
7) السابع : (앗싸–비우) 일곱 번째
8) الثامن : (앗싸–미누) 여덟 번째
9) التاسع : (앗타–씨우) 아홉 번째
10) العاشر : (알아–쉬루) 열 번째

الثقافة | 예배 시간과 생활

15분을 60분으로 환산하여 4분의 1(ربع : 루부으), 20분을 3분의 1(ثلث : 쑬루쑤), 30분을 2분의 1(نصف : 누수푸)로 표현되고 있지만 우리가 사용하는 시간을 말해도 대화는 가능하다. 아랍에서는 하루에 다섯 차례 예배생활이 일상화되어 있기 때문에 예배 명칭과 그 시간을 전후로 하여 시간을 말하고 약속을 하는 것이 더 편리할 때가 많으며 약속이 더 정확하다고 말할 수 있다. 하얀 실과 검은 실이 구별되지 않는 아침 이른 새벽의 예배를 파즈르(الفجر), 정오예배를 주흐르(الظهر), 그림자의 길이가 실물의 길이보다 두 배가 되는 때의 예배를 아스르(العصر), 해가 진 후의 석양예배를 마그립(المغرب), 저녁 황혼이 완전히 걷히고 어두워지기 시작할 때의 밤예배를 이샤(العشاء)라고 부른다. 그래서 석양 무렵 시간에 약속을 한다면, 예를 들어 6시로 시간약속을 하고 그 시간에 약속 장소에 나가면 그 시간에 예배가 진행되고 있을 경우에는 당사자가 약속된 장소에 나올 수가 없게 된다. 그러나 마그립 예배 후라고 약속하고 그 때에 나가면 당사자가 분명히 나와 있다.

출국 대합실 입구
مدخل صالة المغادرة

사막 가운데 있는 농장들
مزارع في الصحراء

공항 대합실 앞의 거리
شارع أمام صالة المطار

7 الموضوع السابع

공항에서

아랍국가 입국은 나라에 따라 입국비자가 필요한 나라가 있는가 하면 공항에서 비자를 주는 나라들이 있고 비자 없이 입국이 허용되는 나라들이 있다. 사우디아라비아나 리비아 같은 나라는 한국 소재 그 나라 대사관에서 비자를 받고 가야만 입국이 허용되며 현지 공항에서 비자 비용만 지불하면 즉시 입국 비자가 나오는 이집트나 쿠웨이트 같은 나라들도 있다. 모로코, 튀니지, 아랍에미레이트, 이집트처럼 비자 없어도 입국이 허용되는 아랍국가들도 있다.

사우디아라비아 입국비자를 신청할 때 주의할 점은 각 개인의 종교를 기재하는 종교란이 있다는 점이다. 종교가 없으면 없다고 기재하면 되지만 사업상 또는 어떤 이유로 자신이 믿고 있는 종교와 다른 종교를 기재했다가 현지생활에서 그 사실이 드러나게 되면 신용을 잃게 될 수가 있고 의심의 대상이 될 수도 있다.

아랍국가에 따라 차이가 크지만 사우디아라비아처럼 이슬람법이 엄격히 적용되고 있는 공항을 입국할 때는 이슬람법이 금기하고 있는 술이나 마약 등은 물론이고 여성 나체사진들이 들어 있는 잡지들이나 볼펜, 성인용 비디오 테이프 등은 반입을 자제해야 한다. 입국카드 작성할 때 초청자와 스폰서를 기재하는 난이 있으므로 초청자의 이름과 주소 및 방문목적도 알고 있어야 한다.

공항 영접 الاستقبال في المطار

26 الدرس

누군가를 부를 때 아랍에서는 이름 앞에 يا (야)를 붙인다. "~씨"또는 "~야"와 같은 의미이다.

المحادثة

السيد سون : أهلا بك يا عبد المجيد .

아흘란 비크 야 압둘마지드

손 선생: 압둘마지드씨, 어서 오세요.

كيف حالك ؟

카이파 할-루카?

근황이 어떠세요?

عبد المجيد : أنا بخير ، الحمد لله

아나 비카이린, 알함두릴라

압둘마지드: 저는 좋아요, 하나님의 덕분이지요.

وأنت ؟

와 안타?

그런데 당신은?

السيد سون : وأنا كذلك .

와 아나 카달-리카

손 선생: 저도 마찬가지에요.

يا عبد المجيد ،

야 압둘마지드

압둘마지드 씨

هذا هو مدير شركتنا عمر تشوي .

하다 후와 무디-르 샤리카티나 우마르 최
이분이 저의 회사 사장님 오마르 최입니다.

عبد المجيد : كيف أنت يا عمر تشوي .

카이파 안타 야 우마르 최?
압둘마지드: 오마르 최, 안녕하세요?

أنا مسرور بلقائك .

아나 마쓰루-르 비리까-이카
나는 당신을 만나게 되어 기뻐요.

عمر تشوي : كيف أنت يا عبد المجيد ؟

카이파 안타 야 압둘마지드?
오마르 최: 압둘마지드씨, 안녕하세요.

أهلا بك في كوريا .

아흘란 비크 피 쿠리야
한국에 오신 것을 환영합니다.

الكلمات

مدير : (무디-룬; 무디-르) 사장, 전무

كذلك : (카달-리카) 그와 마찬가지

شركتنا : (샤리카투+나) 우리의 회사

القواعد

명사문장

※ 주부(المبتدأ : 알무브타다우)와 술부(الخبر : 알카바루)로 배열된 모든 문장을 명사문장(الجملة الإسمية : 알주믈라툴 이쓰미야)이라 한다.

1) **الأرض مستديرة** : (알아르두 무쓰타디-룬) 지구는 둥글다.
2) **السماء عالية** : (앗싸마-우 알-리야툰) 하늘은 높다.
3) **البحر عميق** : (알바흐루 아미-꾼) 바다는 깊다.
4) **الباب مفتوح** : (알바-부 마프투-훈) 문이 열려있다.
5) **الباب مغلق** : (알바-부 무글라꾼) 문은 닫혀있다.

التدريبات

아랍어로 말해보세요.

01 무함마드야, 어떻게 지내? ______________________________

02 잘 지내. 넌? ______________________________

03 한국에 오신 것을 환영합니다. ______________________________

04 당신을 만나게 되어 기쁩니다. ______________________________

توسيع الكلمات والتعبيرات

※ 환영

1) أهلا وسهلا : (아흘란 와 싸흘란) 환영합니다.
2) مرحبا بك : (마르하반 비카) 환영합니다. 어서오세요.
3) أهلا وسهلا ومرحبا : (아흘란 와 싸흘란 와 마르하반) 어서오세요. 환영합니다.
4) أرحب بك في كوريا : (우라히부 비카 피 쿠-리야) 한국에 오신 것을 환영합니다.

الثقافة | 여성과 가족에 대한 우대

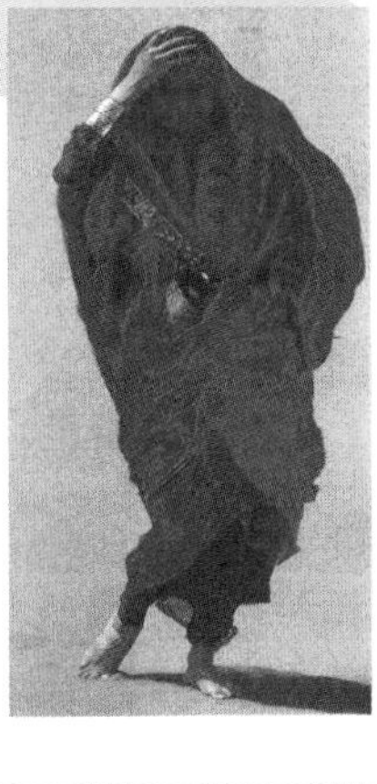

오일달러가 축적된 나라들의 공항들은 대부분 현대화가 잘 되어 있지만 그렇지 않은 공항들이 더 많은 편이다. 여성들과 가족들을 우대하는 그곳에서는 서양 예절과 다른 점들이 많다. 비행기 탑승을 위해 출구를 나갈 때도 여성 및 가족이 먼저이고 기내에 지정된 좌석이 있지만 여성과 가족이 앉아 있을 때는 지정 좌석이 무의미 할 때가 있는 경우도 있다. 이 때는 베일을 쓴 여성에게 좌석을 비워달라고 말하는 것 보다는 승무원의 안내를 받는 것이 여성과 가족에 대한 예절이다.

전자 티켓이 보편화된 아랍국가가 있는가 하면 반드시 예약 재확인을 해야 하는 아랍국가들도 많다. 전화로 좌석 예약이나 예약 재확인이 쉬운 아랍국가들이 대부분이지만 전화사정이 좋지 않은 아랍국가에서는 항공사나 여행사 사무실을 찾아가 확인하는 것이 제일 안전하다.

입국할 때 عند دخول البلاد

27
الدرس

아랍국가 입국시 입국 심사대에서 받을 수 있는 간단한 질문과 그에 대한 대답을 살펴본다.

المحادثة

السيد سون : السلام عليكم

앗쌀라-무 알라이쿰

손 선생: 안녕하세요.

الموظف : بطاقة الدخول من فضلك .

비따-까투 두쿨 민 파들릭

직원: 실례지만, 입국카드 주세요.

السيد سون : هذه هي .

하디히 히야

손 선생: 여기 있어요.

الموظف : جواز السفر من فضلك .

자와즈 싸파르 민 파들릭

직원: 실례지만, 여권주세요.

السيد سون : هذا هو .

하다 후와

손 선생: 여기 있어요.

الموظف : ما هدف الزيارة ؟

마 하다프 지야-라?

직원: 방문목적이 무엇이죠?

السيد سون : العمل في شركة البترول .

알아말 피 샤리카틸 베트롤
손 선생: 석유회사 근무입니다.

الموظف : ما العنوان ؟

말 우느와-누?
직원: 주소는 어떻게 되지요

السيد سون : في الظهران

피 다흐란
손 선생: 다흐란이에요.

الموظف : هذا هو الجواز .

하다 후와 자와-즈
직원: 여권 가져가세요.

السيد سون : شكرا

슈크란
손 선생: 감사합니다.

الموظف : مع السلامة .

마아 쌀라-마
직원: 안녕히 가세요.

الكلمات

موظف : (무앗좌픈; 무앗좌프) 직원

الجوازات : (알+자와자-투; 알자와자-트) 여권, 허가증

بطاقة الدخول : (비따-까투 두쿨리; 비따-까트 두쿨) 입국카드

من فضلك : (민 파들리+카) 실례지만

جواز السفر : (자와-주 사파리; 자와-즈 사파르) 여권

العمل : (알아말) 일, 업무

شركة : (샤리카툰; 샤리카) 회사

البترول : (알베트룰루; 알베트롤) 기름, 석유

العنوان : (알우느와-누; 알우느완) 주소

الجواز : (앗자와-주; 앗자와-즈) 허가, 통과, 결혼

مع السلامة : (마앗 쌀라-마티; 마아 쌀라-마) 안녕

القواعد

동사문장

※ 동사(فعل : 피알)와 주어(فاعل : 파일) 순으로 배열된 모든 문장을 동사문장(الجملة الفعلية : 알주믈라툴 피을리야)이라고 한다.

1) استيقظ الولد : (이쓰타이까좌 알왈라두) 그 소년은 잠에서 깨었다.
2) غسل الولد وجهه : (가쌀라 알왈라두 와즈하후) 그 소년은 세수하였다.
3) أفطر الولد : (아프따라 알왈라두) 그 소년은 아침을 먹었다.
4) ذهب الولد إلى المدرسة : (다하바 알왈라두 일랄 마드라싸) 그 소년은 학교에 갔다.
5) درس الولد العربية : (다라싸 알왈라두 알아라비야타) 그 소년은 아랍어를 공부했다.
6) رجع الولد إلى البيت : (라자아 알왈라두 일랄 바이티) 그 소년은 집으로 돌아왔다.
7) تناول الولد العشاء : (타나-왈라 알왈라두 알아샤) 그 소년은 저녁을 먹었다.
8) نام الولد : (나-마 알왈라두) 그 소년은 잠들었다.

التدريبات

아랍어로 말해보세요.

01 실례합니다만, ________________

02 주소가 어떻게 되나요? ________________

03 여기 있어요.(사물이 남성) ________________

04 여기 있어요.(사물이 여성) ________________

توسيع الكلمات والتعبيرات

※ **تفضل : (타팟돨) 제발, 부디, 어서, 미안하지만(영어의 please에 해당)**

1) تفضل بقبول هذا : (타팟돨 비꾸불 하다) 부디 이것을 받아주기 바랍니다.
2) تفضل واجلس : (타팟돨 와즐리스) 어서 앉으세요.
3) تفضل واشرب : (타팟돨 와쓰랍) 어서 마시세요.
4) تفضل وادخل : (타팟돨 와드쿨) 어서 들어오세요.

الثقافة | 비자신청과 종교

아랍에미레이트를 비롯한 몇 개의 아랍 국가를 제외하고는 대다수 아랍 국가는 비자가 있어야 입국이 허용된다. 한국에 아랍 대사관을 두고 있는 아랍국가를 방문하고자 할 경우 한국에 거주하는 한국인들은 반드시 한국에서 비자를 받아야 한다. 비자신청 기재 내용이 비슷하나 사우디아라비아 비자신청 서류에는 종교란이 하나 더 있다. 자신의 종교를 기록하면 되며 종교가 없으면 무종교로 기재하면 된다. 종교로 인해서 불이익을 받는다고 생각하는 사람이 있는데 그것은 사실과 무관하다. 메카와 메디나 두 성지는 이슬람을 믿는 무슬림만이 출입이 허용되어 있고 또 무슬림과 비무슬림의 사우디아라비아 방문 숫자의 현황을 파악하는 참고자료에 이용된다.

입국할 때 입국카드를 작성하는 것도 모든 아랍국가들의 공통점이다. 기재내용도 여타 국가들과 다를 것이 없다. 성지순례 비자를 제외하고는 초청자가 있어야만 비자가 나오는 사우디아라비아 경우에는 초청자나 스폰서를 기재하는 곳이 있다. 초청자의 이름과 주소 및 방문목적도 기재하는 것이 일반적이다.

두바이 박물관
متحف دبي

향수가게
دكان العطور

두바이의 부르즈 아랍 호텔
فندق برج العرب في دبي

향수가게 앞의 고객들
الزبائن أمام دكان للعطور

الموضوع الثامن

8

관광

대다수 아랍국가들은 시내 대중교통이 보편화되어 있지 않다. 22개 아랍국가들 중에서 이집트를 제외하고는 지하철이 있는 나라도 없다. 고속철도는 말할 것도 없다. 경제사정 때문도 있지만 대중교통을 이용할 인구가 적고 가족 중심의 생활 패턴으로 대다수가 자가용을 이용하기 때문이다. 그래서 택시가 주로 대중교통 역할을 한다. 그러다 보니 바가지 요금을 씌우는 택시 기사들을 종종 만날 수 있다. 택시에 요금 미터가 없는 택시도 많지만 미터기나 요금계기가 있어도 요금을 흥정해야 하는 경우가 있다. 영어로 말하면 바가지 요금이 가능하지만 아랍어로 말하면 터무니 없는 요금은 면할 수 있다. 현지 돈과 잔돈 준비도 필요하다. 관광지에서도 가격 흥정이 이루어진다. 공항에는 요금이 정해진 리무진 택시가 있다. 비싸지만 공항택시를 이용하면 흥정을 하지 않아도 된다. 사우디아라비아의 경우는 기업택시의 운전사들이 외국인들이어서 승차하기 전에 목적지를 운전사가 알고 있는지 확인하는 것도 중요하다.

대다수 아랍국가의 호텔들은 아침 식사가 포함되어 있다. 호텔 방에서 사용하는 국제전화 비용은 비싸므로 국제전화카드를 준비해가는 것도 좋다. 호텔 투숙을 할 때는 반드시 여권을 맡기게 되어 있으므로 외출과 분실에 대비하여 여권 사본을 준비하여 가지고 다니는 습관이 중요하다.

아랍 식당에서 음식을 주문할 때 한 번에 많이 시키면 음식이 많이 남게 된다. 음식에 인색하지 않는 아랍인들의 미덕과 전통에 따라 음식량이 한국인에게는 무척 많을 때가 있다. 그러므로 한 가지씩 먹어가면서 주문하는 것이 바람직하다.

택시에서

في التاكسي

28 الدرس

아랍 세계를 여행하다 보면 바가지요금을 씌우는 택시기사들을 종종 만날 수 있다. 택시에 요금 미터가 없는 택시도 많지만 있어도 요금을 흥정해야 하는 경우가 있다. 그래서 타기 전에 요금을 꼼꼼히 따져보아야 한다. 영어로 말하면 바가지 요금이 가능하지만 아랍어로 말하면 터무니 없는 요금은 어렵다. 택시를 탔을 때 유용하게 쓸 수 있는 표현들을 공부해 본다.

المحادثة

السيد سون : أنت فاضي ؟

안타 파디?

손 선생: 빈 차입니까?

السائِقُ : نعم ، تفضل .

나암, 타팟달

운전수: 예, 타세요.

السيد سون : بكم من هنا إلى السفارة الكورية .

비캄 민 후나 일라 씨파-라틸 쿠-리야

손 선생: 여기에서 한국대사관까지 얼마지요?

السائق : خمسة وعشرون ريالا .

캄싸타 와 이슈루나 리얄

운전수: 25리얄 주세요.

السيد سون : غير معقول ،

가이르 마으꿀

손 선생: 합당치 않군요.

عشرون كفاية .

이슈루-나 키파-야

20리얄이면 충분해요.

السائق : طيب ، خليها ثلاثة عشر .

따이입, 칼-리하 살라-싸타 아샤라
운전수: 좋아요, 13리얄 주세요.

السيد سون : أنا مستعجل،

아나 무쓰타으질
손 선생: 제가 급하기는 하지만,

لكن سوق على مهلك .

라킨 쑤끄 알라 마흘락
천천히 운전하세요.

السائق : إن شاء الله .

인샤알라
운전수: 예, 그렇게 하지요.
(하나님의 뜻에 따라)

الكلمات

فاضي	: (파-디) 빈, 비워있는	السائق	: (앗+싸-이꾸; 앗싸-이끄) 운전수
بكم	: (비캄) 얼마(How much?)	من ... إلى ...	: (민 … 일라 …) … 에서 … 까지
السفارة الكورية	: (앗+싸파-라툴 쿠-리야) 한국대사관	خمسة وعشرون	: (캄싸 와 이슈루나; 캄사 와이슈린) 25
ريالا	: (리얄) 사우디아라비아 화폐 단위	غير	: (가이루; 가이르) …가 아닌
معقول	: (마으꿀-룬; 마으꿀) 합당한, 적절한	عشرون	: (이슈루-나; 이슈린) 20
كفاية	: (키파-야툰; 키파-야) 충분	خليها	: (칼리-하) … 합시다.
ثلاثة عشر	: (쌀라-싸타 아샤라; 쌀라-싸 아샤라) 13	مستعجل	: (무쓰타으질룬; 무쓰타으질) 급한
سوق	: (쑤끄) 운전하시오.	على مهلك	: (알라 마흘리카; 알라 마흘락) 천천히

القواعد

전치사

في : (피) ... 안에(in)
على : (알라) ... 위에(on, upon)
من : (민) ...로부터(from)
إلى : (일라) ... 로(to)
مع : (마아) ... 와 함께(with), ...에 관하여
ب : (비) ... 로, 로써, ... 에게, ... 곁에
ل : (리) ... 에게, ...의, ...을 위해, ... 때문에
عن : (안) ...에 관하여, ...로부터
حتى : (하타) ...까지(until)

التدريبات

아랍어로 말해보세요.

01 합당치 않아요. ______________________
02 저는 급합니다.(주어가 남성일 때) ______________________
03 저는 급해요.(주어가 여성일 때) ______________________
04 빈 차예요? ______________________

توسيع الكلمات والتعبيرات

※ غير : (가이르) … 가 아닌, 다른

1) غير ذلك : (가이르 달–리카) 그것 외에, 즉 등등
2) غير مرة : (가이르 마르라) 한 번이 아닌, 즉 한 번 이상, 자주
3) غير ممكن : (가이르 뭄킨) 불가능한
4) غير رسمي : (가이르 라쓰미) 비공식적인
5) غير مشروع : (가이르 마슈루–으) 비합법적인
6) غير مفيد : (가이르 무피–드) 무익한, 쓸모없는

الثقافة | 택시요금 흥정

대다수 아랍국가들은 시외 버스를 제외하고는 시내 대중교통이 보편화되어 있지 않다. 경제사정 때문도 있지만 대중교통을 이용할 인구가 적고 가족 중심의 생활 패턴으로 대다수가 자가용을 이용하기 때문이다. 그래서 택시가 주로 대중교통의 역할을 한다. 그러다 보니 바가지요금을 씌우는 택시기사들을 종종 만날 수 있다. 택시에 요금 미터가 없는 택시도 많지만 미터기나 요금계기가 있어도 요금을 흥정해야 하는 경우가 있다. 그래서 타기 전에 요금을 꼼꼼히 따져보아야 한다. 영어로 말하면 바가지 요금이 가능하지만 아랍어로 말하면 터무니 없는 요금은 어렵다. 현지 돈과 잔돈 준비도 필요하다.

공항에는 요금이 정해진 리무진 택시가 있다. 비싸지만 공항택시를 이용하면 흥정을 하지 않아도 된다. 또한 사우디아라비아의 경우는 기업택시의 운전사들이 모두 외국인들이어서 승차하기 전에 목적지를 운전사가 알고 있는지 분명히 확인하는 것이 좋다.

호텔에서 في الفندق

29 الدرس

호텔 방을 구할 때에는 시설은 갖추어져 있는지, 금액은 합당한지 꼼꼼히 따져봐야 한다. 필요한 표현들을 학습해 본다.

المحادثة

الموظف : أهلا وسهلا

아흘란 와싸흘란
직원: 어서오세요, 반갑습니다.

السيد سون : غرفة من فضلك

구르파 민 파들릭
손 선생: 방 있어요?

الموظف : لشخص واحد ؟

리 샤크스 와-히드?
직원: 1인실 말씀이세요?

السيد سون : نعم ، فيها حمام .

나암, 피하 함맘
손 선생: 그래요, 욕실 있는 것으로요.

الموظف : عندنا حجرة لشخصين

에인다나 후즈라 리 샤크싸인
직원: 2인실이 있는데,

وفيها حمام.

와 피하 함맘
그 방에 욕실이 있어요.

السيد سون : كم سعرها ؟

캄 씨우루하?

손 선생: 객실 요금은 얼마이지요?

الموظف : سعرها ليوم واحد مئة دولار .

씨으루하 리 야우민 와-히딘 미아트 둘라르

직원: 하루 100달러입니다.

السيد سون : حسنا .

하싸난

손 선생: 좋아요.

الموظف : من فضلك ، اسمك ، وعنوانك ،

민 파들릭, 이쓰무카, 와느와-누카

직원: 실례지만, 성함과 주소와

ووظيفتك ، وجنسيتك ، وجواز السفر .

와 와지-파투카, 와 진씨야투카, 와 자와-즈 사파르

직업과, 국적이 어떻게 되지요? 그리고 여권 주시겠습니까?

السيد سون : أنا سأمكث لمدة أسبوع .

아나 싸암쿠스 리묻타 우쓰부-으

손 선생: 저는 일주일 동안 머무를 거예요.

الموظف : حاضر. غرفة رقم ٥٢٧.

하-디르, 구르파 라깜 깜싸 이쓰난 싸브아

직원: 알겠습니다. 객실 번호는 527번입니다.

السيد سون : شكرا .

슈크란

손 선생: 감사합니다.

الموظف : لا شكر على واجب .

라 슈크르 알라 와-집

직원: 천만에요. 저의 의무인걸요.

الكلمات

موظف : (무왓자푼; 무왓자프) 직원
غرفة : (구르파툰; 구르파) 방, 객실
نعم : (나암) 그래요(Yes)
حجرة : (후주라툰; 후즈라) 방, 객실
وظيفة : (와지-파툰; 와지-파) 직업
جواز السفر : (자와-주 싸파리; 자와-즈 싸파르) 여권
لمدة : (리묻다틴; 리묻다) 동안
حاضر : (하-디룬; 하-디르) 알겠습니다. 그렇게 하겠습니다.
واجب : (와-지분; 와-집) 의무
الاستقبال : (알이쓰티끄발-루; 알이쓰티끄발) 영접
شخص : (샤크순; 샤크스) 개인, 한 사람
حمّام : (함마-문; 함맘) 욕실이 겸비된 화장실
عنوان : (우느와-눈; 우느완) 주소
جنسية : (진씨야툰; 진씨야) 국적
سأمكث : (싸+암쿠쓰) 나는 체류할 것이다.
أسبوع : (우쓰부-운; 우쓰부-으) 주
رقم : (라까문; 라깜) 번호

القواعد

근지시대명사

هذا : (하-다) 이것(남성)
هذه : (하-디히) 이것(여성)
هؤلاء : (하울라-이) 이것들(남성, 여성)

توسيع الكلمات والتعبيرات

※ في : (피) 안에, …에, 때에

1) فيه : (피-히; 피) 있다.
2) ما فيه : (마-피히; 마-피) 없다.
3) في صراحة : (피 사라-하틴) 솔직하게, 명백하게
4) في الحقيقة : (필 하까-까) 사실은, 본질은
5) فيما يلى : (피-마 얄리) 다음의
   فيما بعد : (피-마 바으드) 다음에, 아래에

الثقافة | 호텔에서

호텔방을 구할 때는 시설은 갖추어져 있는지, 금액은 합당한지 꼼꼼히 따져봐야 한다. 대다수 아랍 국가의 호텔들은 아침 식사가 포함되어 있다. 호텔방에서 사용하는 국제전화 비용은 비싸므로 국제전화카드를 이용하는 방법을 알아두는 것이 좋다. 호텔 투숙을 할 때는 반드시 여권을 맡기게 되어 있으므로 외출과 분실에 대비하여 여권 사본을 준비하여 가지고 다니는 습관이 중요하다.

대다수 호텔이 유럽식을 채택하고 있어 우리의 1층은 그곳에서 2층이며 우리의 1층은 그라운드(Ground)의 약자 G나 아랍어로 바닥(الأرض : 알아르드)이란 글자로 표시되어 있다.

식당에서 في المطعم

30 الدرس

아랍 세계의 식당을 찾을 때 무슨 말을 먼저 해야 할 지 당황스러운 경우가 있다. من فضلك (민 파들릭)은 영어의 please와 같은 뜻이다.

المحادثة

عامل المطعم : أهلا وسهلا .

아흘란 와싸흘란

식당 종업원: 어서오세요.

كيم جينسوك : شكرا .

슈크란

김진숙: 감사합니다.

العامل : ماذا تريدين أن تشربين ؟

마다 투리-디나 안 타슈라비나?

종업원: 무엇을 마시고 싶으세요?

كيم جينسوك : ماء بارد وعصير ليمون.

마운 바-리둔. 와 아씨-르 레이몬

김진숙: 찬 물과 레몬 주스요.

العامل : ما طلباتك ؟

마 딸라바-투키?

종업원: 무엇을 주문하시겠습니까?

كيم جينسوك : قائمة الطعام لو سمحت .

까-이마투 따아-암 라우 싸마흐트

김진숙: 실례합니다만 차림표 좀 주시겠어요?

أريد حساء طماطم ، وسلطة ،
우리-두 하싸 따마-띰, 와 쌀라똬,
김진숙: 토마토 수프, 샐러드,

وخبز، ومشوي خروف .
와 쿱즈, 와 마슈위 카루-프
빵, 구운 양고기 원해요.

العامل : فاكهة أو حلوى ؟
파-키하 아우 할르와?
종업원: 과일을 원하세요 아니면 달콤한 것 원하세요?.

كيم جينسوك : موز وبرتقال من فضلك .
마우즈 와 부르투깔 민 파들릭
김진숙: 바나나와 오렌지 주세요.

العامل : ماذا تشربين ،
마-다 타슈라비나?
무엇을 마시겠어요.

قهوة أو شاي ؟
까흐와 아우 샤-이?
종업원: 커피 아니면 홍차?

كيم جينسوك : شاي عربي مع السكر
샤-이 아라비 마아 숙카르
김진숙: 설탕 넣은 아라비아 차

وفاتورة الحساب من فضلك .
와 파-투라툴 히쌉 민파들릭
그리고 계산서 주세요.

العامل : تفضلي فاتورة الحساب .
타팟돨리 파-투라툴 히쌉
종업원: 여기 계산서 있습니다.

الكلمات

عامل	: (아-밀룬; 아-밀) 근로자, 기능공, 점원	مطعم	: (마뜨아문; 마뜨암) 식당
ماذا	: (마-다) 무엇(what)	تريد	: (투리-두) 당신이 원하다.
تشرب	: (타슈라부; 타슈랍) 당신이 마시다.	ماء	: (마-운; 모아, 마아) 물
بارد	: (바-리둔; 바-리드) 시원한, 추운	عصير	: (아씨-룬; 아씨-르) 주스
ليمون	: (라이문; 레이몬) 레몬	ما	: (마) 무엇(what)
طلباتك	: (딸라바-투+카) 당신의 주문	قائمة الطعام	: (까-이마투 따암) 차림표, 메뉴판
لو سمحت	: (라우 싸마흐트) 실례지만	أريد	: (우리-두) 나는 원한다.
حساء	: (히-싸) 국물, 수프	طماطم	: (따마-띠문; 따마-띰) 토마토
سلطة	: (쌀라따뚠; 쌀라따) 샐러드	خبز	: (쿠브준; 쿠브즈) 빵
مشوي	: (마슈위) 구운	خروف	: (카루-푼; 카루-프) 양
فاكهة	: (파-키하툰; 파-키하) 과일	أو	: (아우) 혹은
حلوى	: (할루와) 단 음식, 디저트	موز	: (마우준; 마우즈) 바나나
برتقال	: (부르투깔-룬; 부르투깔) 오렌지	قهوة	: (까흐와툰; 까흐와) 커피
شاي	: (샤-윤; 샤-이) 차	تفضل	: (타팟딸) 영어의 please
فاتورة	: (파투-라툰; 파투-라) 영수증	حساب	: (히싸-분; 히쌉) 계산

القواعد

원지시대명사

ذلك : (달-리카) 저것(남성)
تلك : (틸카) 저것(여성)
أولائك : (울라-이카) 저것들(남성, 여성)

توسيع الكلمات والتعبيرات

※ شكرا : (슈크란; 감사합니다)의 동의어로는, مشكرور : (마슈쿠-르) أشكرك : (아슈쿠루카) شكرا لك : (슈크란 라크) ممنون : (마므눈)이 있다.

※ قائمة : (까-이마툰) 목록, 명부, 명단, 대장, 일람표란 의미다. 이 단어와 연관된 어휘들을 살펴본다.

1) قائمة الجرد : (까-이마툴 자르드) 목록, 명세서
2) قائمة الأسعار : (까-이마툴 아쓰아-르) 가격표, 정가표
3) القائمة السوداء : (알까-이마투 싸우다) 요시찰 인물명단
4) قائمة الموجودات : (까-이마툴 마우주다-트) 재고목록
5) قائمة الأسماء : (까-이마툴 아쓰마) 명단, 명부

الثقافة | 식당에서

아랍 식당에서 음식을 주문할 때는 한 번에 많이 시키면 음식이 남게 되는 경우가 있다. 먹는 음식에 인색하지 않는 아랍인들의 미덕과 전통에 따라 한국인에게는 음식량이 무척 많을 때가 있다. 그러므로 한 가지씩 먹어가면서 주문하는 것이 바람직스럽다.

뜨거운 태양열로 재배되는 채소들은 달콤하고 그들의 대중 요리인 양고기 요리는 다양하여 입맛에 따라 맛있게 먹을 수 있다. 유럽과 인도의 음식문화에 영향을 많이 받아 유럽 요리의 맛과 별 차이가 없다. 샐러드와 음식 요리에 주로 한국 사람들이 선호하는 올리브 기름을 사용하기 때문에 신선한 맛을 주기도 한다. 아침은 주로 빵과 계란에 홍차, 점심은 고기와 밥 등 그 날의 주요 정찬이며 저녁은 간단하게 먹는다. 저녁을 풍성하게 먹는 우리와는 대조적이다. 홍차를 마실 때 설탕을 많이 사용하고 생우유를 부어서 마시는 것이 일반적이다. 우유를 넣지 말라고 할 때는 비두니 할립(بدون حليب), 설탕을 넣지 말라고 할 때는 비두니 숙카르(بدون سكر)라고 말하면 되고, 넣어서 달라고 할 때는 마아 할립(مع حليب), 마아 숙카르(مع سكر), 조금만 넣어달라고 할 때는 조금이란 뜻의 깔리란(قليل) 단어를 덧붙여 말하면 된다.

은행에서 في البنك

31 الدرس

요즈음에는 아랍의 거리 곳곳에 ATM기가 설치되어 있어, 국제 현금카드만 있으면 환전된 상태로 돈을 쉽게 인출할 수가 있다. 그러나 상황에 따라 은행에 직접 찾아가야 하는 경우도 있기 때문에 이러한 상황에서 필요한 표현들을 공부하는 것이 좋다.

المحادثة

كيم جينسوك : من فضلك ، أين البنك ؟

민 파들릭, 아이날 반크?
김진숙: 실례지만, 은행이 어디에 있나요?

البواب : في هذا الشارع إلى اليمين .

피 하다 샤-리으 일랄 야민
수위: 이 거리 오른쪽에 있어요.

كيم جينسوك : ما اسم هذا الشارع ؟

마쓰무 하다 샤-리으?
김진숙: 이 거리 이름이 뭐지요?.

البواب : شارع الجامعة .

샤-리울 자-미아
수위: 대학로입니다.

كيم جينسوك : متى يفتح البنك ؟

마타 유프타훌 반크?
김진숙: 은행은 몇시에 문을 엽니까?

البواب : الساعة التاسعة والنصف .

앗싸-아 타-씨아타 와 니스프
수위: 9시 30분에요.

كيم جينسوك : من يحول النقود ؟

만 유하월루 누꾸-드?

김진숙: 어느 분이 환전 담당이시지요?

الموظف : أنا . ماذا معك ؟

아나. 마-다 마아크?

직원: 제가요. 무엇을 갖고 있지요?

نقد أو شيك ؟

나끄드 아우 쉬-크?

현금인가요 아니면 수표인가요?

كيم جينسوك : نقد دولارات .

나끄드 둘라라-트

김진숙: 현금 달러요.

الموظف : كم دولارا ؟

캄 둘라-란?

직원: 몇 달러이지요?

كيم جينسوك : مائة دولار .

미아트 둘라르

김진숙: 100달러요.

الموظف : الدولار اليوم بخمسة ريالات .

앗둘라르 알야욤 비캄싸 리얄라-트

직원: 오늘 달러는 5리얄입니다.

الكلمات

أين : (아이나) 어디에(where)

بواب : (바우와-분; 바우왑) 수위, 문지기

في : (피) 안에(in)

الشارع : (앗+샤-리우; 앗샤-리으) 거리

اليمين : (알+야미-누; 알야민) 오른쪽

متى : (마타, 미타) 언제(when)

الساعة : (앗+싸-아투; 앗싸-아) 시간, 시계

النصف : (앗+니스푸; 안니스프) 절반

يحول : (유하우윌루; 유하우윌) 변경하다.

شيك : (쉬크, 체크) 수표

دولار : (둘라-룬; 둘라-르) 달러

البنك : (알+반크) 은행

الفندق : (알+푼두꾸; 알푼드끄) 호텔

هذا : (하다) 이것(this)

إلى : (일라) ... 로(to)

الجامعة : (알+자-미아투; 알자-미아) 대학교

يفتح : (유프타후) 열리다.

التاسعة : (앗+타-씨아투; 앗타-씨아) 아홉 번째

من : (만; 민) 누구) who

النقود : (안+누꾸-두; 안누꾸-드) 돈, 현금

كم : (캄) 얼마(how much)

القواعد

수식어와 피수식어

* 형용사에 해당하는 아랍어 수식어(النعت : 안나으트)는 우리말과는 반대로 피수식어(المنعوت : 알만우-트) 다음에 온다. 선행하는 피수식어의 성, 수, 격에 따라 수식어도 변화한다.

توسيع الكلمات والتعبيرات

※ اليمين : (알야민) 오른 쪽, 오른 손 يمينا : (야미-난) 오른쪽으로 اليسار : (알야싸-르) 왼쪽, 왼손
يسارا : (야싸-란) 왼쪽으로 الشمال : (앗쉬말) 왼쪽 شمالا : (쉬말-란) 왼쪽으로

※ البنك : (알반크) 은행
영어의 bank 아랍어 발음으로 은행에 해당하는 순수한 아랍어 단어는 مصرف : (마스라프)가 있다. 그리고 은행가는 صاحب المصرف : (사-히불 마스라프)로 부른다.

※ نقد : (나끄드) 돈, 현금, 화폐
نقدا : (나끄단) 현금으로 ورق النقد : (와라꾸 나끄드) 지폐 بالنقد : (빈나끄드) 현금으로 حافظة النقد : (하-피자투 나끄드) 돈지갑 المبيع بالنقد : (알마비-우 빈나끄드) 현금거래, 현금판매 النقد الأجنبي : (안나끄드 아즈나비) 외화 النقد المحلي : (안나끄드 마할리) 내화, 현지 화폐

الثقافة | 은행과 환전

아랍 은행은 크게 두 가지 종류가 있다. 이슬람의 영향을 받아 이자를 허용하지 않는 은행이 있고 이자를 허용하는 일반 상업은행이 있다. 이슬람 은행은 주로 투자은행으로 운영되며 이익과 손해의 책임이 주로 돈을 맡기는 사람의 몫이어서 많은 이익을 기대할 수도 있는 장점이 있다.

오일 달러가 풍부한 아랍국가에서는 대부분 환전 업무가 자유스럽다. 거리 이곳 저곳에 환전소가 설치되어 있어 환전하는데 아무런 불편이 없으나 오일 달러가 없는 아랍 국가에서는 외환관리가 철저히 이루어지고 있다. 이런 나라일수록 공시환율과 암거래 환율의 차이가 클 수밖에 없다.

금연운동 프랑카드

حملة ممنوع التدخين

향나무 조각들

عطور

9 الموضوع التاسع

몸이 아플 때

다수의 아랍국가에서는 의료비와 교육비를 국가가 부담하고 있다. 일부 부유한 아랍국가에서는 요람에서 무덤까지 국립병원의 의료비는 무료로 운영되고 있으며 가난한 아랍국가들이라 할지라도 의료비는 무척 저렴한 편이다. 의료시설 역시 경제사정에 따라 천차만별이다. 오일달러가 넘치는 아랍국가들의 의료시설은 최상급이지만 그렇지 못한 아랍국가들의 경우에는 빈약할 뿐이다. 또한 아프리카에 위치한 일부 아랍국가의 풍토병에 노출되지 않기 위해서는 출국 전에 풍토병 예방주사를 맞는 것이 좋다. 모기장도 준비해가면 도움이 되고 물은 반드시 끓여서 마시는 습관이 중요하다.

대다수 아랍국가의 의료체제는 유럽의 영향을 받아 오래 전부터 의약분업이 실시되고 있는 나라들이 많다. 몸이 아플 때는 모든 일을 제쳐놓고 병원을 찾는 습관이 자신의 건강을 지키는 최선의 방법이다. 의사 진단서 없이 약을 구입할 수도 있지만 언어 장애 때문에 설사약과 변비 약이 뒤바뀌는 문제가 발생할 있기 때문에 의사의 진찰 결과에 따른 진단서를 제시하고 약을 구입하는 것이 가장 확실한 방법이다.

온몸이 아파요. أشعر بألم في جسمي كله

32 الدرس

외국에 체류하는 동안 몸이 아프면 굉장히 고생스럽다. 아프다고 말하는 표현을 익혀본다. "~가 아파요." 란 표현은 ~أشعر بألم في (앗슈으루 비 알람 피 ~ : 나는 ~에 통증을 느껴요) 이다.

المحادثة

الطبيب : ماذا يؤلمك ؟

마-다 유을리무카?

의사: 어디가 아프신가요?

السيد سون : أشعر بألم في جسمي كله :

아슈우르 비알람 피 지쓰미 쿨리히

손 선생: 몸 전체가 아파요.

في رأسي ، وفي صدري ، وفي رجلي .

피 라으씨, 와 피 사드리, 와 피 리즐라이

머리, 가슴, 두 다리도 아파요.

الطبيب : هل عندك صداع ؟

할 에인다카 수다-아?

의사: 두통이 있는가요?

السيد سون : لا

라

손 선생: 아니요.

الطبيب : ضع هذا مقياس الحرارة

다아 하다-미끄야-슬 하라-라

의사: 이 체온계를 넣으세요.

في فمك لمدة دقيقة واحدة .

피 파미카 리묻다 다끼까 와-히다
당신의 입안에 일분만.

حرارتك عالية قليلا .

하라-라투카 알-리야 깔리-란
열이 조금 높군요.

الكلمات

الطبيب	:	(앗+따비-부; 앗따빕) 의사
يا	:	(야) 사람을 부를 때 사용하는 호격
أشعر بـ	:	(아슈우르비) 나는 ...을 느끼다.
جسمي	:	(지스미) 나의 몸
رأسي	:	(라으씨) 나의 머리
رجل	:	(리즐룬; 리즐) 다리
عندك	:	(아인다카 ; 에인다크) 당신이 갖고 있다.
ضع	:	(다으) 놓으시오.
مقياس الحرارة	:	(미끄야-술 하라-라) 체온계
لمدة	:	(리묻다티; 리묻다) 동안, 기간
عالية	:	(알-리야툰; 알-리야) 높은
يؤلمك	:	(유을리무+카) 당신을 아프게 하다.
أستاذ	:	(우스타-준; 우스타-즈) 선생, 교수
ألم	:	(알라문: 알람) 고통, 아픔
كل	:	(쿨룬; 쿨루) 모두
صدري	:	(싸드리) 나의 가슴
هل	:	(할) 의문사
صداع	:	(쑤다-운) 두통
هذا	:	(하다) 이것(남성)
فمك	:	(파무+카) 당신의 입
دقيقة واحدة	:	(다끼까뚠 와-히다) 1분
قليلا	:	(깔릴-란) 약간, 조금

القواعد

분수

نصف : (니스푼) 2분의 1
ثلث : (쑬쑨) 3분의 1
ربع : (루브운) 4분의 1
خمس : (쿰쑨) 5분의 1
سدس : (쑤두쑨) 6분의 1
سبع : (쑤브운) 7분의 1
ثمن : (쑤므눈) 8분의 1
تسع : (투쓰운) 9분의 1
عشر : (우슈룬) 10분의 1

التدريبات

아랍어로 말해보세요.

01 어디 아파요? __________

02 나에게는 두통이 있어요. __________

03 당신은 두통이 있나요? __________

04 온 몸이 아파요. __________

توسيع الكلمات والتعبيرات

※ …. 증세가 있어요.

1) عندي ألم في جسمي : (에인디 알람 피 지쓰미) 몸이 아파요.
2) عندي ألم في رأسي : (에인디 알람 피 라으씨) 머리가 아파요.
3) عندي ألم في بطني : (에인디 알람 피 바뜨니) 배가 아파요.
4) عندي ألم في قلبي : (에인디 알람 피 깔비) 마음이 아파요.
5) عندي ألم صدري : (에인디 알람 피 쏴드리) 가슴이 아파요.
6) عندي قيء : (에인디 끼이) 구토가 나요.
7) عندي إمساك : (에인디 임싸-크) 변비가 있어요.
8) عندي إسهال : (에인디 이쓰할) 설사가 나요.
9) عندي حمى : (에인디 홈마) 열이 나요.

الثقافة | 의료비

이슬람은 의료의 혜택과 교육의 혜택을 공기와 물에 비유하여 이 두 분야는 모든 국민에게 그 혜택이 균등하게 돌아가야 한다는 사회주의 경향인 반면에 그 밖의 다른 분야는 자본주의 사상을 가지고 있다. 그 결과 다수의 아랍국가에서는 의료비와 교육비를 국가가 부담하고 있으며 일부 부유한 아랍국가에서는 요람에서 무덤까지 공교육과 국립병원의 의료비가 무료로 운영되고 있다. 가난한 아랍국가들이라 할지라도 교육비와 의료비는 무척 저렴한 편이다.

염증이 있어요. عندي التهاب

33 الدرس

아라비아 반도에 위치한 대다수 아랍국가에서는 치료비와 약값이 무료이거나 무척 싼 편이다. 그러므로 몸이 아프면 곧바로 병원을 찾는 것이 좋다.

المحادثة

الطبيب : هل جلست في الشمس مدة طويلة ؟

할 잘라쓰타 피 쌈쓰 묻다탄 따윌-라?

의사: 햇볕 아래 오래 앉아 있었나요?

السيد سون : نعم . وأشعر أيضا بألم في حلقي .

나암. 와 아슈우루 아이단 비 알람 피 할끼

손 선생: 그래요. 역시 목구멍도 아파요.

الطبيب : افتح فمك ، قل "آه" .

이프타흐 파마카, 꿀 아-

의사: 아- 하고 입을 벌리세요.

السيد سون : آه ... آه .

아- 아-

손 선생: 아 아.

الطبيب : عندك التهاب بسيط في الحلق .

에인다카 일티합 바씨-뜨 필 할끄

의사: 목구멍에 약간의 염증이 있어요.

أعطيك الآن حقنة

우으띠카 알-아나 후끄나

지금 주사를 놓아드리고

وأصف لك دواء .

와 아씨푸 라카 다와-안

약을 처방 해드리겠습니다.

اشرب سوائل كثيرة ،

이슈랍 싸와-일라 카씨-라

음료수를 많이 드세요

مثل عصير الليمون .

미슬라 아-씨르 레이몬

레몬 주스 같은 것 말이에요.

وبعد هذا

와 바으다 하다

그리고 나면

تتحسن حالتك ان شاء الله .

타타핫싼 할-라투카 인샤알라

상태가 좋아질 거에요. 하나님의 뜻이라면.

الكلمات

جلست	:	(잘라쓰타) 당신이 앉았다.
مدة طويلة	:	(묻다툰 따윌-라) 오랫동안
حلق	:	(할꾼; 할끄) 목구멍
قل	:	(꿀) 말하시오.
بسيط	:	(바씨-뚠; 바씨-뜨) 간단한
الآن	:	(알아-나) 지금
أصف	:	(아씨푸) 내가 처방하다.
اشرب	:	(이슈랍) 마셔라.
كثيرة	:	(카씨-라툰; 카씨-라) 많이
عصير	:	(아씨-룬; 아씨-르) 주스
تتحسن	:	(타타핫싸누; 타타핫싼) 더 좋아지다.
الشمس	:	(앗샴쑤; 앗샴쓰) 태양, 해
أيضا	:	(아이단) 역시
افتح	:	(이프타흐) 여세요, 펼치시오.
التهاب	:	(일티하-분; 일티합) 염증
أعطيك	:	(우으띠-카) 내가 당신에게 주다.
حقنة	:	(후끄나툰; 후끄나) 주사
دواء	:	(다와-운; 다와) 약
سوائل	:	(싸와-일루; 싸와-일) 음료수 같은 것
مثل	:	(미쓸루) ... 처럼, ... 같이
بعد	:	(바으다; 바으드) 후에
حالتك	:	(할-라투+카) 당신의 상황, 상태.

القواعد

아랍어의 성

아랍어의 모든 명사는 남성(المذكر : 알무잣카르)과 여성(المؤنث : 알무안나쓰)으로 분류된다. 여성명사는 대체로 타마르부타(ة)가 어미에 접미되는 것이 특징이나 그렇지 않는 경우도 있다.

※ 여성 명사

1) 타마르부타(ة : تاء مربوطة)가 접미된 단어

الوالد : (알왈-리두) 아버지 ——— الوالدة : (알왈-리다투) 어머니

2) 본래의 여성명사

مريم : (마리얌) 마리아 فاطمة : (파-티마투) 파티마

3) 여성에만 관련된 단어

حامل : (하-밀룬) 임신한 عاقر : (아-끼룬) 불임의

4) 신체에서 짝을 이루고 있는 것

رجل : (리즐룬) 다리 يد : (야둔) 손

5) 여성어미로 끝나는 단어

حياة : (하야-툰) 생명, 삶 مدرسة : (마드라싸툰) 학교

التدريبات

아랍어로 말해보세요.

01 나는 태양 별 아래 오래 앉아 있었다. ____________________

02 입을 벌리세요. ____________________

03 물을 마셔요. ____________________

04 당신의 상태가 좋아질 거예요. ____________________

توسيع الكلمات والتعبيرات

※ 약을 복용하다

1) 식후에 복용하나요? أتناول هذا بعد الأكل ؟ : (아타나왈 하다 바으다 아클?)
2) 식전에 복용하나요? أتناول هذا قبل الأكل؟ : (아타나왈 하다 까블라 아클?)
3) 식사 중에 복용하나요? أتناول مع الأكل؟ : (아타나왈 하다 마아 아클?)

الثقافة | 의약분업

대다수 아랍국가의 의료체계는 유럽의 영향을 받아 오래 전부터 의약분업이 실시되고 있는 나라들이 많다. 지역에 따라 풍토병이 있기 때문에 몸이 아플 때는 모든 일을 제쳐놓고 병원을 찾는 습관이 자신의 건강을 지키는 최선의 방법이다. 의사 진단서 없이 약을 구입할 수 있는 경우도 있지만 언어 장애 때문에 설사약과 변비약이 뒤바뀌는 등 문제가 발생할 소지가 많이 생기므로 의사의 진찰 결과에 따른 진단서를 제시하고 약을 구입하는 것이 가장 정확한 방법이다.

환자와 의사

المريض والطبيب

34
الدرس

의사에게 직접 진찰을 받을 때 이루어질 수 있는 회화 표현이다. 심한 통증으로 약을 처방 받아야 할 때 알아 두면 유용하다.

المحادثة

حسين : أنا مريض جدا .

아나 마리-둔 짓단
후세인: 몹시 아파요.

الطبيب : لا بأس عليك ، السيد حسين .

리 바으싸 알라이카. 앗싸이드 후세인
의사: 후세인, 걱정말아요.

ماذا بك ؟

마-다 비카?
상태가 어떠세요?

حسين : عندي ألم في بطني

에인디 알람 피 바뜨니
후세인: 저의 배가 아파요.

وصداع قوي .

와 쑤다-아 까위
그리고 머리가 무척 아파요.

الطبيب : منذ متى ؟

문주 마타?
의사: 언제부터지요?.

حسين : منذ الصباح .

문주 사바-하

후세인: 아침부터요.

الطبيب : افتح فمك لو سمحت ...

이프타흐 파마카 라우 싸마흐타

의사: 실례지만 입을 열어보세요.

حرارتك مرتفعة .

하라-라투카 무르타피아

열이 높아요.

خذ هذا الدواء من الصيدلية .

쿠즈 하다 다와 민 싸이달리야

약국에서 이 약을 가져가세요.

حسين : شكرا جزيلا .

슈크란 자질-란

후세인: 대단히 감사합니다.

متى آخذ الدواء ؟

마타 아아쿠주 다와?

언제 약을 복용하지요?

الطبيب : حبة قبل الفطور

합바툰 까블라 푸뚜-르

의사: 아침 식전에 한 알.

وحبة بعد العشاء .

와 합바툰 바으다 아샤

저녁식사 후 한 알 복용하세요.

حسين : إن شاء الله .

인샤알라

후세인: 예, 그렇게 하겠습니다.

الكلمات

الطبيب	(앗+따비-부; 앗따빕) 의사	مريض	(마리-둔; 마리-드) 환자
جدا	(짓단) 대단히	لا بأس عليك	(라 바으싸 알라이카) 별거 아니에요.
عندي	(에인디) 나는 갖고 있다.	ألم	(알라문; 알람) 아픔, 고통
بطني	(바뜨니) 나의 배	صداع	(쑤다-운; 쑤다) 두통
قوي	(까위윤; 까위) 극히, 강하게	منذ	(문주) ... 부터
الصباح	(앗+싸바-후; 앗싸바-하) 아침, 오전	افتحي	(이프타히) 여시요(여성에게)
فمك	(파무+카) 당신의 입	حرارتك	(하라-라투+카) 당신의 열
مرتفعة	(무르타피아툰; 무르타피아) 높은	خذ	(쿠즈) 복용하시오.
الدواء	(앗+다와) 약	الصيدلية	(앗+싸이달리야) 약국
جزيلا	(자질-란) 대단히	متى	(마타; 미타) 언제
آخذ	(아아쿠주) 내가 복용하다.	حقنة	(후끄나툰; 후끄나) 주사
قبل	(까블라) 전에(before)	الفطور	(알+푸뚜-르) 조반, 아침
بعد	(바으다; 바으드) 후에(after)	العشاء	(알+아샤) 만찬, 저녁밥

القواعد

인나(إنّ)와 3인칭 독립인칭대명사

'인나'는 강조의 단어로 '정말로' 또는 '실로' 라는 의미를 갖는다. 그리고 '인나' 다음에 독립인칭대명사가 올 때는 '인나'와 '독립인칭대명사'가 다음과 같이 변한다.

إنه = إن + هو : (인나후) 정말로 그는
إنها = إن + هي : (인나하) 정말로 그녀는
إنهم = إن + هم : (인나훔) 정말로 그들은
إنهن = إن + هن : (인나훈나) 정말로 그녀들은

توسيع الكلمات والتعبيرات

※ 증상을 말할 때

1) 피곤하다. تعبان : (타으반)
2) 목이 마르다. عطشان : (아뜨샨)
3) 오한이 있다. 춥다. برد : (바르드), بردان : (바르단)
4) 졸린다. نعسان : (나으싼)
5) 잠자는 주사 놓아주세요. أعطني حقنة للنوم : (아으띠니 후끄나 린나움)

الثقافة | 환자와 의사

풍토병은 그 지역에 사는 의사의 진찰과 치료가 가장 정확하다는 말이 있다. 병원을 찾는 습관과 더불어 그 지역의 의사 한 분 정도 알아두는 것도 중요하다. 환자의 설명이 병명의 절반과 치료의 절반을 담당한다는 말이 있으나 아랍어를 알아도 아픈 상황을 설명하기란 쉬운 일이 아니다. 이때는 병명의 아랍어 단어들을 보여주는 것도 한 방법이므로 병명이 우리말과 아랍어로 적힌 자료를 준비해 두는 것도 예방의 한 수단이 될 것이다.

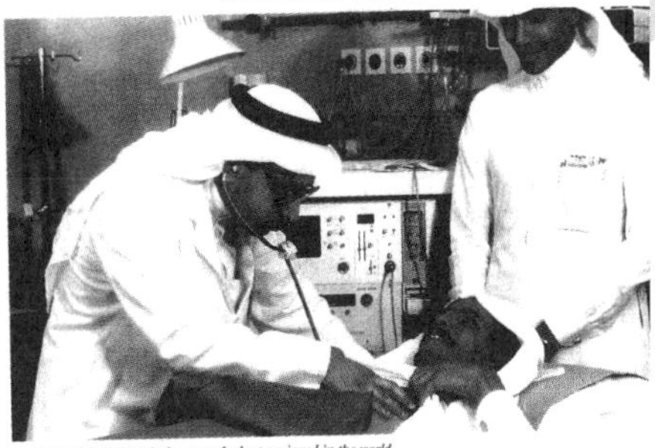

Saudi hospitals are ranked among the best equipped in the world.

낙타는 사람의 유람선

الجمل سفينة الصحراء

대중교통 정류장

محطة المواصلات العامة

영업용 택시 운전수

سائق سيارة الأجرة

الموضوع العاشر 10

교통수단

우리나라에서 아랍국가로 가는 직행 항공은 두바이 행 아랍에미레이트 항공과 카타르 행 카타르 항공뿐으로 그 밖의 아랍국가 여행은 다른 나라들을 경유해야만 한다. 아랍에미레이트 항공편으로 두바이를 경유하거나 동남아 지역을 경유하여 아랍국가를 여행할 수 있는 경우가 있으나 두바이 경유가 가장 저렴하고 편리한 편이다. 아랍 국가들의 시내 대중 교통은 주로 택시가 그 역할을 많이 담당하고 있는 편이다. 한편 시외버스 대중교통은 그런대로 괜찮은 편이다. 말로 대화가 어려울 경우에는 가고자 하는 목적지를 아랍 글자로 써 달라고 아랍인에게 부탁하여 그것으로 매표소에서 표를 구입하고 그것으로 동승자나 운전수에게 제시하면서 차를 타고 목적지에서 내리는 것이 가장 편한 방법이 될 수도 있다.
장거리 여행을 할 때는 마실 물을 준비하여 가는 것도 잊지 말아야 한다.
e-mail을 통한 통신거래가 보편화 되어 있기 때문에 우체국을 이용할 일이 줄어들었다고는 하지만, 아랍 세계에서는 아직도 많은 사람들이 우체국을 이용하고 있다. 소포나 우편을 보내는 절차는 우리와 동일하며 중요한 것은 등기로 보내고 우편물 수령이 확인될 때까지 영수증을 보관해 두는 것이 바람직스럽다. 아랍인들은 꾸란의 가르침에 따라 문서화를 통한 증거주의를 선호하기 때문이다.

길 그리고 버스에서 في الشارع والحافلة

35 الدرس

여행을 떠날 경우에 철저한 사전 조사를 했을지라도 현지 상황이 준비한 내용과 다른 경우가 있다. 혹은 미처 알지 못했던 좋은 장소들은 현지에서 알게 되기도 한다. 거리나 버스에서 길을 묻는 표현을 알아두면 많은 도움이 될 것이다.

المحادثة

أميرة : من فضلك ، أين المتحف ؟

민 파들릭 아이날 마트하프?
아미라: 실례지만, 박물관이 어디에 있지요?.

عبدالله : أفضل أن تركبين حافلة .

아플달루 안 타르카비나 하-필라탄
압둘라 : 버스를 타는 것이 좋을 것 같습니다.

أميرة : أين محطة الحافلات ؟

아이나 마하똬똘 하-필라트?
아미라: 버스 정류장이 어디에 있지요?

عبدالله : اذهبي في هذا الشارع ،

아드하비 피 하다 샤-리으
압둘라: 이 거리로 가시오.

ثم اتجهي إلى اليمين ،

쑴마 잇타지히 일랄 야민
그런 후 오른쪽 방향으로 가시오.

وستجدين محطة الحافلات أمامك .

와 싸타지디나 마핫똬딸 하-필라트 아마-마키
그러면 정면에서 버스 정류장을 발견할 것입니다.

أميرة : من فضلك ،

민 파들릭
아미라: 실례지만

أعطني تذكرة إلى المتحف .

민 파들릭, 아으띠-니 타즈키라탄 일랄 마트하프
박물관으로 가는 티켓 주세요.

السائق : التذكرة بخمسة ريالات .

앗타즈키라 바캄싸 리얄라-트
운전수: 티켓 값은 5리얄 입니다.

أميرة : تفضل . من فضلك ،

타팟돨, 민 파들릭
아미라: 여기 있어요. 실례지만

أنزلني عند المتحف .

인질르니 에인달 마프하프
박물관에서 내려주세요.

السائق : المحطة القادمة قريبة من المتحف ،

알마핫똬똘 까-디마투 까리-바툰 미날 마트하프
운전수: 다음 역은 박물관에서 가까워요.

عند إشارة المرور ،

에인다 이샤-라틸 무루-르
신호등에서.

اتجهي إلى اليسار ،

잇타지히 일랄 야싸-르
왼쪽으로 가시오.

وسوف تجدين المتحف أمامك

와 싸우파 타지디날 마트하파 아마-마키
그러면 정면에서 박물관을 발견할 것입니다.

الكلمات

المتحف	: (알+마트하푸; 알마트하프) 박물관	أفضل	: (아프돨루) 더 낫다. 더 좋다.
أن	: (안) 접속사(that)	تركب	: (타르카부) 당신이 타다.
حافلة	: (하-필라툰; 하-필라) 버스, 대중교통	محطة	: (마핫똬뚠; 마핫똬) 정거장, 역전
اذهب	: (이드합) 가시오.	ثم	: (쑴마) 그런 다음에(then)
اتجه	: (잇타지흐) 향하시오.	اليمين	: (알+야미누; 알야민) 오른쪽
ستجد	: (싸+타지두; 싸+타지드) 당신이 발견할 것이다 (싸: 현재동사 앞에 오는 미래를 나타내는 문자)		
أمامك	: (아마-마+카) 앞에(당신의 앞에)	أعطني	: (아으띠+니) 나에게 주세요(니: 나에게)
تذكرة	: (타즈키라툰; 타즈키라) 표, 티켓	السائق	: (앗+싸-이꾸; 앗싸-이끄) 운전사
أنزلني	: (안질르+니) 나를 내려주시오.	قريبة من	: (까리-바툰 민; 까리-바 민) 에서 가까운
عند	: (아인다; 에인다) ... 에(at)	إشارة المرور	: (이샤-라툴 무루-리; 이샤-라툴 무루-르) 신호등
اليسار	: (알+야싸-루; 알야싸-르) 왼쪽	سوف	: (싸우파) 현재동사 앞에 오는 미래문자
تجد	: (타지두; 타지드) 당신이 발견하다.		

القواعد

인나(إن)와 2인칭 독립인칭대명사

إنك = إن + أنت : (인나카) 정말로 당신 남자는

إنكِ = إن + أنتِ : (인나키) 정말로 당신 여자는

إنكم = إن + انتم : (인나쿰) 정말로 당신 남자들은

إنكن = إن + أنتن : (인나쿤나) 정말로 당신 여자들은

توسيع الكلمات والتعبيرات

※ 교통수단

1) **تاكسي** : (탁시) 택시
أجرة التاكسي : (우즈라트 탁시) 택시 요금
السيارة : (앗싸야-라) 자동차
أتوبيس : (오토비-스) 버스
حافلات : (하-필라-트) 대중교통
قطار : (끼따-르) 기차
قطار سريع : (끼따-룬 싸리-운) 특급열차
قطار البضائع : (끼따-룰 바다-이으) 화물열차
قطار الأنفاق : (끼따-룰 안파-끄) 지하철
أجرة النقل : (우즈라트 나끌) 운송료
أجرة السفر : (우즈라트 싸파르) 여비

الثقافة | 대중교통

아랍 국가들의 시내 대중 교통은 보편화되어 있지 않은 편이지만 시외 대중교통은 그런대로 좋은 편이다. 말로 대화가 어려울 경우에는 가고자 하는 목적지를 아랍 글자로 써 달라고 아랍인에게 부탁하여 그것으로 매표소에서 표를 구입하고 그것으로 동승자나 운전수에게 제시하면서 목적지에서 내리는 것이 가장 편한 방법이 될 수도 있다. 장거리 여행할 때는 반드시 마실 물과 먹을 것을 준비하여 가는 것도 잊지 말아야 한다.

항공편으로 얼마이죠? كم يكلف بالبريد الجوي ؟

36
الدرس

요즈음에는 사람들이 e-mail을 사용하기 때문에 우체국 이용을 거의 안하지만, 아랍 세계에서는 아직도 많은 사람들이 우체국을 이용하고 있다. 소포나 우편을 보내는 절차는 우리나라와 같다.

المحادثة

السيد سون : أريد إرسال هذا الطرد .

우리-두 이르쌀 하다 따르드

손 선생: 이 소포를 발송하고자 합니다.

موظف البريد : ضعه على الميزان .

돠아후 알라 미잔

우체국 직원: 그것을 저울에 놓으세요.

وزنه كيلوجرام .

와즈누후 킬로그램

무게가 1킬로그램입니다.

وأجره البريد خمسون ريال

와 아즈루훌 바리-드 캄쑤-나 리얄

그것의 우편요금은 50리얄입니다.

السيد سون : هل هذا بالبريد العاديّ ؟

할 하달 빌바리-딜 아-디?

손 선생: 이것은 보통 우편인가요?

الموظف : نعم .

나암

직원: 그래요.

السيد سون : وكم يكلف بالبريد الجويّ ؟
와 캄 유칼리푸 빌바리-딜 자우위?
손 선생: 항공우편으로는 얼마인가요?

الموظف : أربعة ريالات .
아르바아투 리얄라-트
직원: 4리얄입니다.

السيد سون : حسنا ،
하싸난
좋아요.

أفضل إرساله بالبريد الجويّ
우팟딜루 이르쌀-라후 빌바-리딜 자우위
손 선생: 항공우편으로 보내는 것이 더 낫겠군요.

لكي يصل بسرعة .
리카이 야씰라 비쑤르아
빨리 도착할 수 있도록 말입니다.

الموظف : هذه هي الطوابع .
하-디히 야히 따와-비으
직원: 여기 우표있어요.

الكلمات

أريد	: (우리-두) 나는 원한다.	إرسال	: (이르쌀-룬; 이르쌀) 보내는 것, 파견, 발송
الطرد	: (앗+똬르두; 앗똬르드) 소포	موظف البريد	: (무왓자풀 바리-디; 무왓자풀 바리-드) 우체국 직원
ضع	: (돠아) 놓으시오.	على	: (알라) … 위에(on, upon)
الميزان	: (알+미자-누; 알미잔) 저울	وزن	: (와즈눈; 와즌) 무게
أجر	: (우즈룬; 우즈르) 요금, 보상	البريد العادي	: (알+바리-두 알+아-디; 알바-리들 아-디) 보통우편
لكي	: (리카이; 리케이) … 하기 위해	يصل	: (야실루; 야실) 도착하다.
بسرعة	: (비+쑤르아티; 비쑤르아) 빨리, 신속하게	الطوابع	: (앗+똬와-비우; 앗똬와-비으) 우표들

القواعد

인나(إنّ)와 1인칭 독립인칭대명사

إنني / إنّي = إن + أنا : (인나니/인니) 정말로 나는

إننا / إنّا = إن + نحن : (인나나/인나) 정말로 우리는

1) أنا طالب : (아나 딸-리분) 나는 남학생이다.
2) إنني طالب : (인나니 딸-리분) 정말로 나는 남학생이다.
3) نحن أصدقاء : (나흐누 아스디까-우) 우리는 친구들이다.
4) إننا أصدقاء : (인나나 아스디까-우) 정말로 우리는 친구들이다.

التدريبات

아랍어로 말해보세요.

01 항공우편으로 보내고자 합니다. ____________________

02 얼마입니까? ____________________

03 여기 50리얄 있습니다. ____________________

04 여기 우표 있습니다. ____________________

توسيع الكلمات والتعبيرات

※ … 편으로

1) بالطائرة : (빗 따-이라) 비행기 편으로
   على متن الطائرة : (알라 마트니 따-이라) 비행기를 타고
   طائرة الركاب : (따-이라투 루캅) 여객기
   طائرة الاستكشاف : (따-이라툴 이스티크샤-프) 정찰기
   طائرة مائية : (따-이라툰 마-이야) 수상비행기
   طائرة عمودية : (따-이라툰 아무-디야) 헬리콥터
   حاملة الطائرة : (하-밀라투 따-이라) 항공모함
2) بالقطار : (빌 끼따-르) 기차편으로
   قطار الركاب : (끼따-루 루캅) 객차
   قطار البضائع : (끼따-룰 바다-이으) 화물차
   قطار سريع : (끼따-룬 싸리-운) 특급열차
   قطار سباق : (끼따-룬 씨바-끄) 고속열차
3) بالسفينة : (빗 싸피-나티) 배편으로
   سفينة تجارية : (싸피-나툰 티자-리야) 화물선, 상선
   سفينة الشحن : (싸피-나투 샤흔) 화물선
   سفينة حربية : (싸피-나툰 하르비-야) 군함
   سفينة حاملة للطائرة : (싸피-나툰 하-밀라툰 릿 따-이라티) 항공모함

الثقافة | 아랍 항공

우리나라에서 아랍국가로 가는 직행 항공은 두바이 행 아랍에미레이트 항공과 카타르로 가는 카타르 항공뿐으로 그 밖의 아랍국가 여행은 다른 나라들을 경유해야만 한다. 아랍에미레이트 항공편으로 두바이를 경유하거나 동남아 지역을 경유하여 아랍국가를 여행할 수 있는 경우가 있으나 두바이 경유가 가장 저렴하고 편리한 편이다.

등기속달우편 البريد المسجل المستعجل

37 الدرس

중요한 우편물은 일반 우편보다는 등기로 보내는 것이 안전하다. 아랍 및 이슬람세계에서는 근거주의를 원칙으로 하기 때문에 중요한 문건은 등기로 보내고 영수증을 보관하는 것이 좋다. 등기우편을 보낼 때 사용되는 단어와 표현들을 학습한다.

المحادثة

كيم سوهيون : أريد أن أرسل هذا الخطاب

우리-두 안 우르씰라 하-달 키탑

김수현: 저는 이 편지를 보내고자 합니다.

بالبريد المسجل المستعجل .

빌바리-딜 무쌋잘 무쓰타으잘

등기속달로.

الموظف : ما اسم المرسل إليه ؟

마쓰무 알무르쌀 일라이히?

직원: 수취인 이름은 무엇이지요?

كيم سوهيون : اسمه عبدالله.

이쓰무후 압둘라

김수현: 그의 이름은 압둘라입니다.

الموظف : وما اسم المرسل ؟

와 마쓰물 무스씰?

직원: 발신인 성함은 무엇이지요?

كيم سوهيون : كيم سوهيون ، كم يكلفني ؟

김수현, 캄 유칼리프니?

김수현: 김수현이에요. 얼마 내야지요?

الموظف : عشرين ريالا .

이슈린 리얄

직원: 20 리얄입니다.

كيم سوهيون : أعطني الإيصال .

아으띠–니 이쌀

김수현: 영수증 주세요.

الموظف : هذا هو الإيصال .

하다 후와 이쌀

직원: 여기 영수증 있어요.

كيم سوهيون : شكرا .

슈크란

김수현: 감사합니다.

الكلمات

أرسل : (우르씰루; 우르씰) 내가 보내다.

المسجل : (알+무쌋질루; 알무쌋질) 등기

المرسل إليه : (알+무르쌀루 일라이히) 수취인

المرسل : (알+무르씰루; 알무르씰) 발송인

الإيصال : (알+이쌀-루; 알이쌀) 영수증

الخطاب : (알+키타-부; 알키탑) 편지

المستعجل : (알+무쓰타으잘루; 알무쓰타으잘) 속달

المملكة : (알+마믈라카투; 알마믈라카) 왕국

يكلفني : (유칼리프니; 이칼리프니) 나에게 ... 의 책임을 주다.

القواعد

그래(نعم : 나암)의 용법

긍정 의문문에서의 대답은, '그래, 응, 예' 이다.

أذهبت إلى المدرسة أمس ؟

(아 다합타 일라 마드라싸티 암씨?)

너 어제 학교에 갔었니?

نعم . ذهبت

(나암. 다합투)

그래. 갔어.

التدريبات

아랍어로 말해보세요.

01 수취인의 이름이 뭐죠? __________

02 발신자 이름이 뭡니까? __________

03 영수증 주세요. __________

توسيع الكلمات والتعبيرات

※ … 하고 싶다.

1) أريد : (우리-두) 나는 원한다.
   أبغى : (아브가) 나는 원한다.
2) آمل : (아-말루) 나는 희망한다.
3) أحب : (우힙부) 나는 좋아한다. 사랑한다. 바란다.
4) مسجل : (무쌋잘룬) 기록된, 등록된, 녹음된, 등기의
   رسالة مسجلة : (리쌀-라툰 무쌋잘라) 등기편지
   مراسلات مسجلة : (무라-쌀라-툰 무쌋잘라) 등기우편
5) مستعجل : (무쓰타으질룬) 급히, 서둘러, 긴박한, 속달의, 지급의, 긴급의
   جلسة مستعجلة : (잘싸툰 무쓰타으질라) 긴급회의
   أهداف مستعجلة : (아흐다-푼 무쓰타으질라) 일차적 목표
   شحنة مستعجلة : (샤흐나툰 무쓰타으질라) 급송화물

الثقافة | 등기우편으로 해주세요

e-mail을 통한 통신거래가 보편화 되어 있기 때문에 우체국을 이용할 일이 줄어들었다고는 하지만, 아랍 세계에서는 아직도 많은 사람들이 우체국을 이용하고 있다. 소포나 우편을 보내는 절차는 우리와 동일하며 중요한 것은 반드시 등기로 하여 우편물 수령이 확인될 때까지 영수증을 보관해 두는 것이 바람직하다. 아랍인들은 꾸란의 가르침에 따라 증거주의를 선호하기 때문이다.

리야드에 있는 킹 칼리드 국제공항

مطار الملك خالد الدولي في الرياض

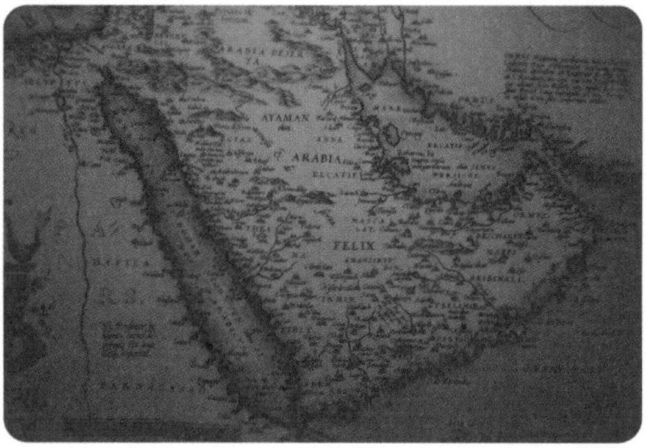

아라비아반도 지도

خريطة شبه الجزيرة العربية

오아시스의 종려나무열매 나무들

نخل في الواحة

الموضوع الحادي عشر 11

아라비아반도의 계절

대다수 아랍국가들은 아라비아반도와 아프리카 대륙 중부 및 북부 지중해변에 자리잡고 있다. 그 결과 기후가 다양하고 모로코와 같은 아랍국가는 지역에 따라 4계절을 뚜렷이 느낄 수 있으며, 특히 지중해를 끼고 있는 아랍국가들의 해변가의 지중해성 기후는 유럽 여인들을 유혹하기에 충분하다. 유럽 여성들이 여름 피서를 이곳에서 많이 보내는 것도 이러한 이유에서이다.

한편 아라비아반도에 위치한 아랍국가들은 바다처럼 펼쳐진 사막의 기후로 내륙지방은 고온건조하고 밤과 낮의 기온의 차가 심하다. 한편 바닷가는 고온 다습한 기후를 갖고 있어 밤낮의 기온 차는 적은 편이다. 11월부터 2월까지는 겨울철로 약간의 비가 내리기도 하며 영하의 온도까지 내려가는 지역도 있다. 이곳에서는 기온이 20도 이하로만 내려가도 서늘함을 느낄 수 있다.

섭씨 50도까지 오르내리는 열사의 지역에 4계절이 있다고 말하기는 어렵다. 그러나 봄, 여름, 가을, 겨울 사계절의 이름과 그곳에 사는 유목민들이 느끼는 계절이 있는 것은 사실이다. 이 지역을 일 년 내내 덥기만 한 열사의 나라로 생각하지만, 아라비아반도의 겨울철 밤 기온은 꽤 춥다. 전기히터나 밍크담요가 잘 팔리는 이유도 거기에 있다. 비는 겨울철에 내리며 그 양은 많지 않다.

여름은 불길 속에 있는 것처럼 뜨겁지만 강렬한 태양열은 기름이 고갈될 때 태양열 에너지 자원으로써 최고의 가치를 갖게 될 것이라고 한다. 태양이 사라지는 종말이 오지 않는 한 아라비아반도의 뜨겁고 강렬한 태양열은 에너지 자원의 최고 경쟁력이 될 것이다.

아라비아반도의 겨울 الشتاء في الخليج العربي

38 الدرس

아라비아반도는 사계절이 뚜렷하지 않지만 겨울철과 여름철의 구별은 확실하다. 그곳의 겨울철과 여름철의 상황과 관련된 문장들을 공부한다.

المحادثة

السيد سون : كيف الجو هنا في الشتاء ؟

케이파 알자우우 후나 피 쉬타-이?

손 선생: 이곳 겨울의 날씨는 어떠한가요?

أحمد : الجو بارد هنا في الشتاء ،

알자우우 바-리둔 후나 피 쉬타-이

아흐마드: 이곳 겨울 날씨는 추워요.

وينزل المطر أيضا .

와 얀질룰 마따루 아이단

역시 비도 내려요.

السيد سون : ان الشتاء رائع

인나 쉬타-아 라-이으

손 선생: 겨울의 날씨는 좋아요?

في المملكة العربية السعودية ؟

필 마믈라카틸 아라비야티 싸우디야

사우디아라비아 왕국에서

أحمد : رائع جدا .

라-이으 짓단

아흐마드: 그래요. 정말 좋아요.

السيد سون : انني جهزت نفسي للشتاء هنا .

인나니 자호하즈투 낲씨 릿쉬타 후나
손 선생: 저는 이곳 겨울 대비를 했지요.

أنا قرأت الكتاب ،

아나 까라으툴 키타-바
저는 책을 읽고

وفهمت منه كل شيء .

와 파힘투 민후 쿨라 샤이인
모든 것을 이해하였지요.

أحمد : لعل الكتاب مفيد .

라알랄 키타-바 무피-드
아흐마드: 책은 유용한 것 같아요.

السيد سون : نعم . لقد فهمت منه كل شيء .

나암. 라까드 파힘투 민후 쿨라 샤이인
손 선생: 그래요. 나는 그 책을 통해 모든 것을 이해하였어요.

الكلمات

الفصول	:	(알+푸술-루; 알푸슬) 계절
الشتاء	:	(앗+쉬타-우; 앗쉬타) 겨울
الصيف	:	(앗+솨이푸; 앗솨이프) 여름
بارد	:	(바-리둔; 바-리드) 추운
معتدل	:	(무으타딜룬; 무으타딜) 온화한
المطر	:	(알+마똬루; 알마똬르) 비
جهزت	:	(자흐하즈투) 나는 대비하였다.
قرأت	:	(까라으투) 나는 읽었다.
فهمت	:	(피힘투) 나는 이해하였다.
الجو	:	(알+자우우) 기후, 공기
الخريف	:	(알+카리-푸; 알카리-프) 가을
الربيع	:	(아르+라비-우; 아르라비-으) 봄
حار	:	(하-루룬; 하-르르) 더운, 뜨거운
ينزل	:	(얀질루; 얀질) 내리다.
رائع	:	(라-이운; 라-이으) 훌륭한, 멋진
نفسي	:	(낲씨) 나 자신
الكتاب	:	(알+키타-부; 알키탑) 책
كل شيء	:	(쿨루 샤이인; 쿨루 쉐이) 모든 것

القواعد

아니(بلى : 발라)의 용법

긍정문에서는, '예, 물론, 아무렴' 의 뜻이나 부정문에서는, '아니' 라는 의미다.

أ كتبت رسالة ؟

(아 카탑타 리쌀-라탄?)

당신은 편지를 썼나요?

بلى

(발라)

물론

أ ما ذهبت إلى المدرسة أمس ؟

(아 마 다합타 일라 마드라싸티 암씨?)

너 어제 학교에 가지 않았니?

بلى . ذهبت

(발라. 다합투)

아니. 갔어.

التدريبات

아랍어로 말해보세요.

01 이곳의 겨울 날씨는 어떻습니까? __________

02 겨울에 눈이 내려요. __________

03 날씨가 추워요. __________

04 나는 책을 읽습니다. __________

توسيع الكلمات والتعبيرات

※ 사계절

الربيع : (아르라비으) 봄　　الصيف : (앗싸이프) 여름
الخريف : (알카리-프) 가을　　الشتاء : (앗쉬타) 겨울

※ 기온

معتدل : (무으타딜룬) 온화한　　لطيف : (라띠-푼) 좋은
حار : (하-르룬) 더운, 뜨거운　　بارد : (바-리둔) 추운

الثقافة | 아라비아반도의 겨울

섭씨 50도까지 오르내리는 열사의 지역에 4계절이 있다고 말하기는 어렵다. 그러나 봄, 여름, 가을, 겨울 4계절의 이름과 그곳에 사는 유목민들이 느끼는 계절이 있는 것은 사실이다. 사계절이 뚜렷하지 않지만 겨울철과 여름철의 구별은 확실하다. 내륙지방은 고온건조하고 해변지역은 고온다습한 편이다. 이 지역을 일 년 내내 덥기만한 열사의 나라로 생각하기 쉽지만 아라비아반도의 겨울철 밤은 꽤 춥다. 전기히터나 밍크담요가 잘 팔리는 이유도 거기에 있다. 비는 겨울철에 내리며 그 양은 많지 않다.

아라비아반도의 여름 الصيف في الخليج العربي

39 الدرس

아라비아반도의 여름철 기온은 최고 섭씨 50도까지 올라갈 때가 있다. 그러나 해가 진 후의 밤과 새벽의 밤공기는 그런대로 지낼 만 하며 실내는 에어컨 시설이 잘 되어 있는 편이다.

المحادثة

أحمد : وطبعا أعددت نفسك للصيف هنا .

와 따브안 아으다드타 낲싸카 릿싸이피 후나

아흐마드: 물론 이곳에서의 여름도 대비했겠지요.

السيد سون : قرأت في الكتاب

까라으투 필 키탑

손 선생: 저는 책에서 읽었어요.

أن الصيف هنا حار جدا

안나 사이파 후나 하-르룬 짓단

이곳 여름은 무척 뜨겁고

ودرجة الرطوبة عالية .

와 다라자투 루뚜-바 알-리야

그리고 습도가 높아요.

أحمد : ولكن الملابس الخفيفة

와 라킨날 말라-비쌀 카피-파

아흐마드: 그렇지만 가벼운 옷들과

وأجهزة التكييف والشواطيء كثيرة

와 아즈히자투 타크이이피 왓샤와-띠아 카씨-라

에어컨과 해변가가 많이 있지요.

تخفف شدة الرطوبة والحرارة .

투카피푸 쉬닷타 루뚜–바 왈 하라–라

습도와 온도를 낮추어 준답니다.

السيد سون : صحيح ،

사히–흐

손 선생: 맞아요.

ولكن عملي يحتاج إلى

와라킨 아말리 야흐타–주 일라

그런데 저의 일은

الوقوف في الشمس كثيرا .

우꾸–프 피 샴씨 카씨–란

태양볕 아래서 오래 서 있는 일이에요.

أحمد : حسنا ، تستطيع أن تلبس القبعة .

하싸난, 타쓰타띠–우 안 탈바쌀 꿉바아

아흐마드: 좋아요, 모자를 쓰면 되요.

السيد سون : أتظن أن القبعة تخفف من الرطوبة ؟

아 타준누 안날 굽바아타 투카피푸 미나 루뚜–바티?

손 선생: 당신은 모자가 습도를 낮추어 줄 것이라고 생각하나요?

أحمد : انس الآن الصيف والرطوبة ،

인싸 알아–나 싸이파 와 루뚜–바

아흐마드: 지금은 여름과 습도를 잊어버리세요.

وعش في جو الشتاء الرائع

와 이쉬 피 자우이 쉬타 라–이으

겨울의 좋은 날씨를 생각하면서 사세요.

السيد سون : شكرا على نصيحتك .

슈크란 알라 나시–하티카

손 선생: 당신의 충고에 감사합니다.

الكلمات

أعددت	: (아으다트타) 당신은 준비했다.	درجة	: (다라자툰; 다라자) 점수, 등급, 계단, 번호, 층계
الرطوبة	: (아르+루뚜-바투; 아르루뚜-바) 습도	عالية	: (알-리야툰; 알-리야) 높은
لكن	: (라킨) 그러나	الملابس	: (알+말라-비쑤; 알말라-비쓰) 옷
الخفيفة	: (알+카피-파투; 알카피-파) 가벼운, 연한	أجهزة التكييف	: (아즈히자투 타크이이프) 냉방시설
الشواطيء	: (앗+샤와-띠우; 앗샤와-띠으) 해변	كثيرة	: (카씨-라툰; 카씨-라) 많은
تخفف	: (투카피푸) 낮추다.	شدة	: (쉿닷툰; 쉿다) 강함
الحرارة	: (알+하라-라투; 알하라-라) 열, 더위	صحيح	: (싸히-훈; 싸히-흐) 옳은, 바른
عملي	: (아말리) 나의 일	يحتاج إلى	: (야후타-주 일라) ... 가 필요하다.
الوقوف	: (알+우꾸-푸; 알우꾸-프) 서 있음	تستطيع	: (타쓰타띠-우) 당신은 ... 할 수 있다.
تلبس	: (탈바쑤) 당신이 옷을 입다.	القبعة	: (알+꿉바아투; 알꿉바아) 모자
أتظن	: (타준누) 당신이 생각하다.	انس	: (인싸) 잊으시오.
عش	: (이슈) 사시오. 생활하시오.	نصيحتك	: (나시-하투+카) 당신의 충고

القواعد

※ 남성 복수명사가 과거동사 앞에 올 때는 동사에 남성 복수어미 와우(وا __)가 접미되나 과거동사가 남성 복수명사 앞에 올 때 동사는 남성 3인칭 동사가 온다.

예문)
الطلاب ذهبوا إلى المدرسة : 남학생들은 학교에 갔다.
ذهب الطلاب إلى المدرسة : 남학생들은 학교에 갔다.

توسيع الكلمات والتعبيرات

نسيم : (나씨-믐) 미풍, 산들바람, 솔솔바람

ريح : (리-흐) 바람

برق : (바르끄) 섬광, 천둥

الخفيف : (알카피-푸) 가벼운, 농도가 약한, 경박한, 재빠른, 날랜

الصناعة الخفيفة : (앗시나-아툴 카피-파) 경공업

خفيف العقل : (카피-풀 아끌리) 경솔한, 경박한

خفيف الروح : (카피-푸 루-히) 명랑한, 쾌활 한

يده خفيفة : (야두후 카피-파) 그 사람은 손버릇이 나쁘다.

رائع : (라-이으) 아름다운

شديد الريح : (샤디-드 리-흐) 바람이 세차게 부는

صاعقة : (싸-이까) 벼락, 번개

خفيف الرجل : (카피-푸 리즐리) 발이 가벼운, 빠른, 날랜

خفيف الشعر : (카피-푸 샤으리) 머리숱이 적은

خفيف الحركة : (카피-풀 하라카) 민첩한, 신속한

خفيف اليد : (카피-풀 야디) 손이 빠른, 손재주가 있는, 손버릇이 나쁜

دخان خفيف : (둣카-눈 카피-푼) 순한 담배

الثقافة | 아라비아반도의 여름

아라비아 반도의 여름은 불길 속에 있는 것처럼 뜨겁지만 강렬한 태양열은 그곳에 매장된 기름이 고갈될 때 태양열 에너지 자원으로서 최고의 가치를 갖게 될 것이라고 한다. 태양이 사라지는 종말이 오지 않는 한 아라비아 반도의 뜨겁고 강렬한 태양열은 에너지 자원의 최고 경쟁력이 될 것이다.

이곳 여인들이 얼굴에 베일을 덮어쓰는 이유도 바로 이러한 기후 때문이다. 뜨겁고 강렬한 태양 직사광선을 차단하여 눈을 보호하는 선글라스 기능과 얼굴의 피부를 보호하는 썬 크림과 같은 역할을 한다.

계절과 기후 الفصول والطقس

40 الدرس

날씨를 주제로 한 대화는 인사말처럼 평소에도 자주 하게 된다. 사계절과 기후에 대해 아랍어로 어떻게 말하는지 학습한다.

المحادثة

السيد سون : الشمس مشرقة .

앗샴쓰 무슈리카툰

손 선생: 태양이 찬란하네요.

عبد المجيد : الطقس لطيف في هذه الأيام .

앗따끄쓰 라띠-푼 피 하디힐 아이얌

압둘마지드: 요즘 날씨가 좋아요.

السيد سون : نحن في فصل الخريف في كوريا .

나흐누 피 파슬릴 카리-프 피 쿠-리야

손 선생: 한국은 가을입니다.

عبد المجيد : وبعده فصل الشتاء .

와 바으다후 파슬루 쉬타

압둘마지드: 그 다음에는 겨울철이지요.

وفيه تمطر الدنيا .

와 피-히 탐뚜루 둔야

압둘마지드: 그리고 겨울에 비가 내려요.

السيد سون : ثم يأتي فصل الربيع ؟

쑴마 야으티 파슬루 라비-으?

손 선생: 그 다음에 봄이 오는가요?.

عبد المجيد : نعم ، وهو فصل الزهور .

나암, 와후와 파슬루 주후-르
압둘마지드: 그래요, 꽃의 계절이지요.

ثم يكون فصل الصيف ،

쑴마 야쿠-누 파슬라 사이피
그 다음에는 여름이 되지요.

وفيه تشتد الحرارة .

와 피-히 타쉬탓둘 하라-라투
그리고 더욱 뜨거워져요.

السيد سون : أنا أخاف الحرارة الشديدة هنا

아나 아카-풀 하라-라타 샤디-다타 후나
손 선생: 저는 이곳의 뜨거운 열사가 두려워요.

أريد أن أرجع إلى بلدي الجميل .

우라-두 안 아르지아 일라 발라딜 자밀
저는 아름다운 나의 나라로 돌아가고 싶어요.

عبد المجيد : مع السلامة .

마앗 쌀라-마
압둘마지드: 안녕히 가세요.

السيد سون : أريد أن أراك في كوريا .

우리-두 안 아라-카 피 쿠리야
손 선생: 저는 당신을 한국에서 뵙고 싶어요.

عبد المجيد : إن شاء الله .

인샤알라
압둘마지드: 그렇게 되었으면 좋겠어요.
(하나님의 뜻이라면)

الكلمات

الشمس : (앗+샴쑤; 앗샴쓰) 태양, 해	مشرقة : (무쉬리까툰; 무쉬리까) 해가 솟는, 찬란한
الطقس : (앗+따끄쑤; 앗따끄쓰) 기후, 날씨	لطيف : (라띠–푼; 라띠–프) 온화한, 상냥한
فصل : (파슬룬; 파슬) 계절, 교실	الخريف : (알+카리–푸; 알카리–프) 가을
الشتاء : (앗+쉬타우; 앗쉬타) 겨울	تمطر : (탐투루) 비가 오다.
الدنيا : (앗+둔야) 세상	يأتي : (야으티) 오다.
الربيع : (아르+라비–우) 봄	الزهور : (앗+주후–루; 앗주후–르) 꽃들
يكون : (야쿠–누) ... 가 되다.	الصيف : (앗+사이푸; 앗세이프) 여름
تشتد : (타쉬탓두) 점점 강해지다.	الحرارة : (알+하라–라투; 알하라–라) 열, 뜨거움
أخاف : (아카–푸) 나는 두렵다.	الشديدة : (앗+샤디–다투; 앗샤디–다) 강한
أريد : (우리–두) 나는 원한다.	أرجع : (아르지우) 나는 돌아간다.
بلدي : (발라디) 나의 고향, 나의 조국	الجميل : (알+자밀–루; 알자밀) 아름다운
أراك : (아라–카) 내가 당신을 보다.	إن شاء الله : (인샤알라) 하나님의 뜻이라면

القواعد

술 부

명사와 명사로 구성된 문장에서 술부(الخبر : 알카바루)는 주부와 함께 문장을 구성한다.

الأرض مستديرة (알아르두 무스타디–라툰) 지구는 둥굴다.

توسيع الكلمات والتعبيرات

※ 날씨

1) الجو دافيئ : (알자우 다-피운) 날씨가 따뜻하다.
2) الجو حار : (알자우 하-르룬) 날씨가 덥다. 뜨겁다.
3) الجو لطيف : (알자우 라띠-푼) 날씨가 좋다.
4) الجو بارد : (알자우 바-리둔) 날씨가 춥다.
5) الجوممطر : (알자우 뭄띠룬) 비가 온다.
6) الجو مثلج : (알자우 무쌀라준) 눈이 온다.

الثقافة | 기후

대다수 아랍국가들은 아라비아 반도와 아프리카 대륙 북부 지중해, 그리고 대서양을 끼고 자리잡고 있다. 그 결과 기후가 다양하고 모로코와 같은 아랍국가는 지역에 따라 4계절을 뚜렷이 느낄 수 있는 나라가 있으며, 특히 지중해를 끼고 있는 아랍국가 해변가의 지중해성 기후는 유럽 여인들을 유혹하기에 충분하고도 남는다. 유럽 여성들이 여름 피서를 이곳에서 많이 보내는 것도 이러한 이유에서이다.

한편 아라비아 반도에 위치한 아랍국가들은 바다처럼 펼쳐진 사막의 기후로 내륙지방은 고온건조하고 밤과 낮의 기온의 차가 심한 반면에 바닷가는 고온다습한 기후를 갖고 있어 밤낮의 기온차이는 크지 않은 편이다. 11 월부터 2 월까지는 겨울철로 약간의 비가 내리기도 하며 영하의 온도까지 내려가는 지역은 거의 없지만 20 도 이하로 내려가게 되면 쌀쌀함을 느끼게 되며 밤의 공기는 더욱 차다. 최근에는 지구의 온난화로 폭설이 내리는 지역도 있다.

카으바 신전 주변에서 예배하는 사람들
المصلون حول الكعبة المشرفة

메카 입구 문
باب مدخل مكة المكرمة

하얀색의 전통 아랍 남성복
الثوب التقليدي العربي الأبيض

12 الموضوع الثاني عشر

이슬람의 명절

아랍세계 및 이슬람 국가에서 가장 큰 명절은 두 가지가 있다. 하나는 라마단 한 달 동안의 단식을 깨뜨리는 이둘피트르 명절이 있고 또 하나의 명절은 이슬람력 하지 달 10일 예언자 아브라함의 전통에 따라 짐승을 도살하여 제단에 바치는 이둘아드하 명절이 있다. 순례자는 메카에서 그리고 순례에 참가하지 않은 무슬림들은 가정에서 짐승을 도살한다. 도살된 고기는 3등분하여 3분의 1은 가족이, 3분의 1은 이웃에게, 그리고 나머지 3분의 1은 가난한 사람들에게 나누어 명절의 기쁨을 함께 나누면서 '매년 다복 하십시오'라는 의미가 담긴 '쿨루 암 와 안툼 비카이르'라는 문구로 인사를 주고받는다.

아프리카 대륙에 위치한 아랍국가, 아라비아반도 지역의 아랍국가, 서구의 식민지 통치를 받았던 아랍국가, 기독교인들이 많은 아랍국가에 따라서 결혼문화는 다양한 차이를 보이고 있다. 결혼하여 얻은 행복은 하나님을 공경하여 얻은 행복과 같으며 인간의 세 가지 행복 중에 하나가 바로 결혼이며 결혼은 곧 신앙의 절반을 완성한 것과 같다고 설파한 예언자 무함마드의 가르침이 아랍인들의 결혼문화에 많은 영향을 미치고 있다.

연애결혼보다는 중매결혼이 보편적이며 여자는 보호자의 승낙이 필요하고 남자는 신부에게 '마흐르'라 불리는 합의된 금액을 주며 최소한 두 명 이상의 증인 입회 하에 결혼서약서가 작성될 때 합법적인 결혼이라고 이슬람은 가르치고 있다. 동성동본간의 결혼은 문제가 되지 않는다. 모든 인간의 시조를 아담과 하와로 보는 꾸란의 가르침은 모든 인간을 아담과 하와의 자손들로 보기 때문이다.

라마단과 이둘피트르 명절 인사 التحية بمناسبة رمضان وعيد الفطر

41 الدرس

단식 기간 라마단 달과 다음 달 첫 날 시작되는 이둘피트르 명절 기간에 사람들이 즐겨 사용하는 다양한 인사 표현을 살펴본다.

المحادثة

السيد سون : رمضان كريم .

라마단 카림

손 선생: 자비스러운 라마단 되기 바래요.

عبدالله : رمضان مبارك .

라마단 무바-라크

압둘라: 축복 받은 라마단 되기 바래요.

السيد سون : كل عام وأنتم بخير .

쿨루 암 와 안툼 비카이린

손 선생: 일년 내내 좋은 일만 있기 바래요.

عبدالله : وأنت بصحة والسلامة .

와 안타 비씨하 왓쌀라-마

압둘라: 건강하시고 평안하세요.

السيد سون : كل سنة وأنت طيب .

쿨루 싸나 와 안타 따이입

손 선생: 일년 내내 행복하세요.

عبدالله : بارك الله فيك .

바-라칼라후 피-크

압둘라: 감사해요(하나님의 축복 받으세요)

السيد سون : عيد سعيد .
이-드 싸이-드
손 선생: 즐거운 명절되세요.

عبدالله : و عيد مبارك .
와 이-드 무바-라크
압둘라: 축복 받은 명절 되세요.

على الجميع ، إن شاء الله .
알랄 자미-으, 인샤알라
압둘라: 모두가 축복 받기 바래요
(하나님의 뜻에 따라서)

السيد سون : تقبل الله .
타깝발랄라
손 선생: 그렇게 되었으면 좋겠어요.
(하나님이여, 그렇게 되게 하여 주소서)

عبدالله : من الجميع ، إن شاء الله .
미날 자미-으, 인샤알라
압둘라: 모두가 그렇게 되었으면 좋겠어요.
(하나님의 뜻에 따라서)

الكلمات

رمضان	: (라마단) 이슬람력 아홉 번째 달	كريم	: (카리-문; 카림) 자비로운
مبارك	: (무바-라쿤; 무바-라크) 축복받은	كل عام	: (쿨루 아-민; 쿨루 암) 매년
بصحة	: (비+씨하틴; 비씨하) 건강하게	السلامة	: (앗+쌀라-마티; 앗쌀라-마) 평안하게
كل سنة	: (쿨루 싸나틴; 쿨루 싸나) 매년	بارك	: (바-라카) 축복하다
عيد	: (이-둔; 이-드) 명절, 생일, 축제	سعيد	: (싸이-둔; 싸이-드) 행복한
الجميع	: (알+자미-으) 모두	تقبل	: (타깝발) 받아주다

القواعد

동사(الفعل : 알피을루)

동사는 시제에 따라 과거동사(الفعل الماضى : 알피을룰 마디), 현재동사(الفعل المضارع : 알피을룰 무다-리으), 명령형동사(فعل الأمر : 피을룰 아므르)로 분류되며 현재시제는 다음의 4개 철자가 과거동사 앞에 접두되어 만들어진다.

1) 함자(الهمزة) : (أ) أغسل (아그씰루) 나는 씻는다.
2) 눈(النون) : (نـ) نذهب (나드하부) 우리는 간다.
3) 야(الياء) : (يـ) يشرب (야슈라부) 그는 마신다.
4) 타(التاء) : (تـ) تأكل (타으쿨루) 당신은 먹는다.

※ سنة 는 모음 기호에 따라 그 뜻이 달라진다.

1) سنة : (싸나툰) 년
   سنة ميلادية : (싸나툰 밀라-디야) 서력(A.D.)
   سنة هجرية : (싸나툰 히즈리야) 이슬람력(A.H.)
2) سنة : (쑨나툰) 예언자 무함마드의 전통, 관습, 관례, 교훈
   أهل السنة : (아훌루 순나) 정통무슬림 계열, 순니파
   سنة الطبيعة : (순나투 똬비-아) 자연법칙
3) سنة : (씨나툰) 순간의 졸음
   سنة من النوم : (씨나툰 미난 나움) 단잠
   أخذته سنة النوم : (아카자트후 시나툰 나움) 그는 졸았다, 단잠을 잤다.
4) سنة : (씬나툰) 이빨 하나

التدريبات

아랍어로 말해보세요.

01 일 년 내내 좋은 일만 있기를. ______________________

02 건강하시고 평안하세요. ______________________

03 일 년 내내 행복하세요. ______________________

04 즐거운 명절 되세요. ______________________

توسيع الكلمات والتعبيرات

※ 라마단과 관련된 어휘

هلال : (힐라-룬) 초승달
صوم : (싸움) 단식
صيام : (씨얌) 단식
إفطار : (이프타-르) 단식을 깨뜨리는 것
صلاة التراويح : (쌀라-투 타라위) 라마단 달 밤에 행하는 특별예배
قرأة القرآن : (끼라-아툴 꾸란) 꾸란 암기, 낭송, 읽기
اعتكاف : (이으티카-프) 가정과 떨어져서 이슬람 사원에서 신앙생활에 전념하는 것
سحور : (싸후-르) 라마단 달 새벽에 먹는 음식
زكاة الفطر : (자카-툴 피트르) : 단식을 깨뜨리면서 내는 세금
صلاة العيد : (쌀라-툴 이-드) 축제예배
عيد الفطر : (이-둘 피뜨르) 이둘 피뜨리 명절

الثقافة | 라마단과 꾸란

라마단(رمضان)은 예언자 무함마드가 메카를 떠나 메디나에 도착한 서력 622년 6월 16일이 기원이 된 이슬람력 아홉 번째 달 이름이다. 서력의 1년이 365일이라면 이슬람력의 1년은 354일로 서력보다 11일이 짧다. 이러한 이유로 아랍 및 이슬람사회의 모든 명절은 매년 11일이 앞당겨 온다.

꾸란은 이 달을 금식하는 달이라고 하였다. 그리하여 이 기간은 아랍세계를 비롯한 전 세계 모든 무슬림들이 새벽부터 해가 질 때까지 낮 동안 음식은 물론 물 한 모금도 마시지 않고 인내심을 수양하는 금식의 달이다. 그뿐만 아니라 이 달은 예언자 무함마드가 하나님으로부터 최초의 계시를 받았다고 하는 신성한 달이며, 어려운 사람들에게 자선을 베푸는 자선의 달이며, 꾸란을 읽고 암기하는 달이며, 매일 밤 천사들이 내려와 새벽까지 체류하면서 기도하는 신앙인들에게 축복을 전달하고 기도하는 자들의 소원을 하나님께 전달하는 달이라고 하였다. 이러한 이유로 아랍국가 및 이슬람 국가에서는 라마단 달 밤에 다양한 이슬람 문화행사가 열리기도 한다.

결혼 축하 زواج سعيد

42 الدرس

결혼을 축하하는 다양한 표현들을 공부한다.

المحادثة

السيد سون : مبروك .

마브룩

손 선생: 축하합니다.

أحمد : الله يبارك فيك .

알라후 유바-리크 피크

아흐마드: 감사해요(하나님의 축복 받으세요).

السيد سون : تهانينا كثيرا .

타하니-나 카씨-란

손 선생: 많이 많이 축하해요.

أحمد : شكرا جزيلا .

슈크란 자질-란

아흐마드: 대단히 감사해요.

السيد سون : ألف مبروك .

알프 마브룩

손 선생: 많이 많이 축하해요.

أحمد : بارك الله فيك .

바-라칼라후 피크

아흐마드: 감사해요(당신에게 하나님의 축복이)

السيد سون : زواج سعيد .

자와-즈 싸이-드

손 선생: 결혼을 축하해요.

أحمد : شكرا جدا .

슈크란 짓단

아흐마드: 대단히 감사해요.

السيد سون : دام فرحكم .

다-마 파르흐쿰

손 선생: 당신의 기쁨이 영원하기를 바래요.

أحمد : شكرا .

슈크란

아흐마드: 감사해요.

الكلمات

مبروك	:	(마브루-쿤; 마브룩) 축하해요
كثيرا	:	(카씨-란) 많이
جزيلا	:	(자질-란) 대단히
زواج	:	(자와-준; 자와-즈) 결혼
دام	:	(다-마) 계속하다
تهانينا	:	(타하-니+나) 우리의 인사
شكرا	:	(슈크란) 감사해요
ألف	:	(알프) 천, 1000
جدا	:	(짓단) 대단히
فرحكم	:	(파르후+쿰) 당신의 기쁨

القواعد

※ 여성 복수명사가 과거동사 앞에 올 때는 동사에 여성 복수어미 눈(ن__)이 접미되며 과거동사가 여성 복수명사 앞에 올 때는 여성 3인칭 동사가 온다.

예문)

الطالبات ذهبن إلى المكتبة. : 여학생들은 도서관으로 갔다.
ذهبت الطالبات إلى المكتبة.

※ في : (피) ...에, 안에, 에서, 곱하기, 백분율, 있다.

1) في المصنع : (필 마스나이) 공장에서
2) الرابع في الرابع : (아르라-비으 피 아르라-비으) 4 곱하기 4
3) ثلاثون في المائة : (쌀라-쑤-나 필 미아) 30퍼센트
4) فيه : (피히) 있다. كان فيه : (카-나 피히) 있었다.
ما فيه : (마피히) 없다. ما كان فيه : (마 카-나 피히) 없었다.

التدريبات

아랍어로 말해보세요.

01 축하합니다 ____________________

02 고마워요. ____________________

03 많이 많이 축하해요. ____________________

توسيع الكلمات والتعبيرات

※ 결혼과 관련된 어휘

خطيب : (카띠-분) 청혼한 남자, 약혼자
العريس : (알아리-스) 신랑
العروس : (알아루-스) 신부
الزواج : (앗자와-즈) 결혼
المهر : (알마흐르) 신랑측에서 신부에게 주는 현금이나 재물)
خطيبة : (카띠-바툰) 약혼녀, 신부
الخطبة : (알카뜨바툰) 약혼
النكاح : (안니카-하) 결혼
الشاهدان : (앗샤-히다-니) 두 명의 증인

الثقافة | 결혼 문화

아프리카 대륙에 위치한 아랍국가, 아라비아반도 지역의 아랍국가, 서구의 식민지 통치를 받았던 아랍국가, 기독교인들이 많은 아랍국가에 따라 결혼문화의 차이가 있기는 하지만 이슬람이 그들의 결혼문화에 가장 큰 영향을 미치고 있다. 결혼하여 얻은 행복은 하나님을 공경하여 얻은 행복과 같으며 인간의 세 가지 행복 중에 하나가 바로 결혼하는 것이라고 하였다. 결혼은 신앙의 절반을 완성한 것과 같다고 강조하면서 예언자 무함마드는 결혼을 장려하였다.

중매결혼이 일반적이며 딸은 아버지의 결혼 허가가 필요하고 남자는 신부에게 마흐르(المهر)라 불리는 합의된 금액을 주어야 하며 최소한 두 명 이상의 증인 입회 하에 결혼서약서가 작성되면 합법적인 결혼으로 간주된다. 동성동본간의 결혼은 문제가 되지 않는다. 모든 인간의 시조를 아담과 하와로 보는 꾸란의 가르침은 모든 인간을 아담과 하와의 자손들로 보기 때문이다.

커피 또는 홍차 주전자
إبريق القهوة أو الشاي

공과 함께하고 있는 아이들
الأطفال مع الكرة

향을 피우는 그릇
مبخرة

아랍 전통 빵을 굽는 곳
المخبز التقليدي العربي

초대와 식사

손님으로 초대를 받았을 경우 특별한 사유가 없는 한 초청을 수락하되 초대 시간에 늦지 말아야 하며, 비록 양치는 가난한 목동이 초대를 했다 하더라도 기꺼이 수락하여 그가 준비한 음식이 축복을 받도록 해야 한다고 하였다. 초청이 겹쳤을 때는 먼저 온 초청이 우선이고 부자와 가난한 사람의 초청이 동시에 있었을 때는 후자의 것을 수락하는 것이 더 낫다고 하였다. 부자는 경제적 여유가 있어 아무 때나 잔치를 할 수 있지만 가난한 사람은 그렇지 못하기 때문이라는 것이다

초청 받아 음식을 먹고 마실 때 음식이 맛있다거나 요리 솜씨가 좋다는 말 한마디는 초청과 수고에 대한 감사의 표현이다. 절대 다수의 아랍국가에는 술을 금지하는 꾸란의 가르침에 따라 음주문화가 거의 없다. 그래서 건배라는 표현을 찾아보기 힘들지만 식사할 때, '건강하고 힘내세요.' 라는 표현은 있다.

식탁에 올려진 음식들은 이슬람이 금기한 재료가 들어가지 않고 요리된 것들이다. 일부 가정에서는 식탁보다는 땅바닥에 식탁보를 깔고 그 위에 음식이 차려지는 경우도 있다. 식탁 위에 차려진 음식보다는 땅바닥에 차려진 음식이 겸허에 더 가깝다는 예언자 무함마드의 가르침 때문이다.

식사를 손으로 하게 될 경우는 식사 전후로 손을 닦는 것이 예절이며 음식이 뜨거울 때는 서둘러 먹지 않는다. 아랍인들은 부담스러울 정도로 정이 넘치게 대접을 하기 때문에 주는 대로 받아 먹다 보면 과식이 되는 경우도 있다.

남자 주인이 없는 아랍인 가정을 방문하는 것은 큰 실례다. 초청을 받아 가정을 방문할 때도 절친한 친구 사이가 아니면 가능한 아내의 안부를 묻지 않는 것이 상대방에 대한 예의다. 대다수 아랍인 가정에는 남자 사랑방과 여자 사랑방이 따로 있다. 부부가 초청을 받아 아랍인 가정을 방문할 때 남자는 남자 사랑방으로 그리고 아내는 여자 사랑으로 안내를 받는 것이 일반적인 관습이다.

맛있게 드시고 건강하세요 بالصحة والعافية

43 الدرس

식사 초대를 받았을 때, 음식을 준비한 주인에게 건네는 칭찬의 인사는 식사 분위기를 한결 화목하게 만들어 줄 것이다.

المحادثة

كيم جينسوك : الطعام لذيذ .

앗따아-무 라지-즈

김진숙: 음식이 맛있어요.

أبو بكر : بالهناء والشفاء .

빌하나 왓쉬파-아

아부 바크르: 맛있게 드시고 건강하세요.

كيم جينسوك : تسلم يدك .

티슬람 야다카

김진숙: 솜씨가 좋군요. 잘 먹었습니다.

أبو بكر : الله يسلمك .

알라후 유쌀리무키

아부 바크르: 감사합니다.
(하나님께서 당신을 보호하여 주시길)

كيم جينسوك : الأكل ممتاز .

알아클 뭄타-즈

김진숙: 음식이 아주 훌륭합니다.

أبو بكر : بالصحة والعافية .

빗씨하 왈아-피야

아부 바크르: 건강하고 힘내세요.

كيم جينسوك : الأكل العربي حلو

알아클루 아라비 훌운

김진숙: 아랍 음식이 달콤해요.

أبو بكر : الأكل الكوري أحلى

알아클루 쿠-리 아흘라

아부 바크르: 한국 음식이 더 달콤해요.

كيم جينسوك : هل الأكل الكوري يعجبك ؟

할 아클루 쿠-리 유으지부카?

김진숙: 한국 음식이 마음에 드시나요?

أبو بكر : نعم ، يعجبني كثيرا

나암, 유으지부니 카씨-란

아부 바크르: 예, 대단히 마음에 들어요.

الكلمات

الطعام : (앗+따아-무; 앗따암) 음식

بالهناء : (빌+하나) 음식이 입에 맞는

تسلم : (타슬람) 무사하다

يسلمك : (유쌀리무+카) 당신을 무사하게 하다.

ممتاز : (뭄타-준; 뭄타-즈) 멋진, 훌륭한

لذيذ : (라지-준; 라지-즈) 맛 있는

الشفاء : (앗+쉬파-우; 앗쉬파) 건강에 좋은

يدك : (야두+카) 당신의 손

الأكل : (알+아클루; 알아클) 음식

العافية : (알+아-피야투; 알아-피야) 건강, 힘

القواعد

※ 아랍어 동사는 과거동사(الفعل الماضى: 알피을룰 마디), 현재동사(الفعل المضارع: 알피을룰 무다-리으), 명령형동사(فعل الأمر: 피을룰 아므리)가 있다.

예문)
كتب : (카타바) 그가 글을 썼다. (과거)
يكتب : (야크투부) 그가 글을 쓰고 있다. (현재)
اكتب : (우쿠툽) (2인칭 남성에게)글을 쓰시오. (명령)

التدريبات

아랍어로 말해보세요.

01 음식이 맛있어요. ____________________

02 맛있게 드시고 건강하세요. ____________________

03 솜씨가 좋군요. ____________________

04 건강하시고 힘내세요. ____________________

توسيع الكلمات والتعبيرات

※ 맛과 관련된 어휘

لذيذ : (라지-준; 라지-즈) 맛있는
حار : (하-르룬; 하-르르) 매운, 뜨거운, 자극성이 있는
ملح : (밀훈; 밀흐) 싼, 소금기가 있는
حلوى : (할와) 달콤한
حامض : (하-디둔; 하-미드) 시큼한
مر : (무르룬; 무르르) 쓴, 쓰디 쓴

الثقافة | 음식문화

초청 받아 음식을 먹을 때 음식이 맛있다거나 요리 솜씨가 좋다는 말 한마디는 초청과 수고에 대한 감사의 표현이기도 하지만 또 초청 받고 싶다는 간접적인 의사표시도 될 수 있다. 절대 다수의 아랍국가에는 술을 금지하는 꾸란의 가르침에 따라 음주문화가 없다. 그래서 건배라는 표현을 찾아보기 힘들다. 그러나 식사할 때, '건강하고 힘내세요.'라는 표현은 있다.

아랍 무슬림들의 식탁에 올려진 음식들은 꾸란과 예언자 무함마드가 금기한 재료가 들어가지 않고 요리된 것들이다. 이슬람의 전통을 지키는 가정에서는 식탁보다는 땅바닥에 식탁보를 깔고 그 위에 음식이 차려지는 경우가 허다하다. 식탁 위에 차려진 음식보다는 땅바닥에 차려진 음식이 겸허에 더 가깝다고 했기 때문이다. 음식이 땅바닥에 차려져 있을 때 앉는 자세는 등을 벽에 기대지 않는다. 서서 또는 등을 대고 음식을 먹지 않는 것은 예언자가 무함마드가 식사예절의 겸허를 강조한 데서 비롯된 것이다.

스푼이나 포크가 놓여진 식탁에서도 식후에는 물 양치질과 손을 닦지만 손으로 식사를 하게 될 경우는 식사 전후로 손을 닦는 것이 중요한 식사예절이다. 손을 스푼 대용으로 사용할 때는 세 손가락을 사용한다. 음식이 뜨거울 때는 서둘러 먹지 않는다.

준비된 음식은 어린이가 부모보다 먼저 먹지 아니하고 손님보다 가족이 먼저 식사하지 않는다. 어른을 존경하고 손님을 극진히 대접하라는 이슬람의 가르침에서 비롯된 예절이다. 아랍인들은 부담스러울 정도로 정이 넘치게 대접을 하기 때문에 천천히 먹는 것이 제일 좋다. 주는 대로 받아 먹다 보면 과식이 되는 경우가 있기 때문이다.

어서오세요. أهلا وسهلا

44 الدرس

손님이 왔을 때 맞이하는 표현과 집주인이 손님을 다른 손님에게 소개하는 표현, 손님과 손님이 주고 받는 표현들을 공부한다.

المحادثة

كيم جينسوك : السلام عليكم .

앗쌀라-무 알라이쿰

김진숙: 안녕하세요?

عمر : وعليكم السلام .

와 알라이쿰 쌀람

우마르: 안녕하세요?

أهلا وسهلا .

아흘란 와 싸흘란

어서 오세요. 반갑습니다.

كيم جينسوك : أهلا بك .

아흘란 비크

김진숙: 감사합니다.

عمر : تفضلي

탓팟될리

우마르: 들어오세요.

كيم جينسوك : شكرا

슈크란

김진숙: 감사합니다.

عمر : أحب أن أعرفك على السيد أحمد .

우힙부 안 우아르리파키 알라 앗싸이드 아흐마드
우마르: 당신을 아흐마드씨에게 소개하고 싶어요.

أحمد : فرصة سعيدة .

푸르싸 싸이-다
아흐마드: 처음 뵙겠습니다.

كيم جينسوك : فرصة سعيدة .

푸르싸 싸이-다
김진숙: 처음 뵙겠습니다.

أحمد : تشرفت بمعرفتك .

타샤르라프투 비마으리파티키
아흐마드: 당신을 알게 되어 영광입니다.

كيم جينسوك : تشرفت بمعرفتك أيضا .

타샤르라프투 비마으리파티카 아이단
김진숙: 저 역시 당신을 알게 되어 영광입니다.

الكلمات

تفضل : (타팟돨) 영어의 please

أعرفك على : (우아르리푸+카+알라...) 나는 당신을 ...에게 소개하다.

سعيدة : (싸이다툰; 싸이-다) 행복한

بمعرفتك : (비+마으리파티+카) 당신을 알게 되어

أحب : (우힙부) 나는 원한다, 사랑한다.

فرصة : (푸르싸툰; 푸르싸) 기회

تشرفت : (타샤르라프+투) 저는 영광입니다.

أيضا : (아이단) 역시

القواعد

※ 명령형 동사는 2인칭 남성단수 명령형이 기준이 되어 성과 수에 따라 형태가 변한다.

اكتب : (우쿠툽) : 쓰시오(2인칭 남성단수)

اكتب + ي = اكتبي : (우쿠투비) 쓰시오(2인칭 여성단수)

اكتب + وا = اكتبوا : (우쿠투부) 쓰시오(2인칭 남성복수)

اكتب + ن = اكتبن : (우쿠투브나) 쓰시오(2인칭 여성복수)

※ تفضل : (타팟달) 제발, 부디, 미안하지만
تفضل واقعد ! : (타팟달 와끄우드) 어서 앉으시오!
تفضل وخذ ! : (타팟달 와 쿠즈) 어서 가지세요!
تفضل وادخل ! : (타팟달 와드쿨) 어서 들어오세요!
تفضل واشرب ! : (타팟달 와슈랍) 어서 마시세요!
تفضل بقبول ! : (타팟달 비꾸불) …을 받아주기 바랍니다.

التدريبات

아랍어로 말해보세요.

01 당신을 알게 되어 영광입니다. ______

02 저 역시 영광입니다. ______

03 저를 당신께 소개합니다. ______

توسيع الكلمات والتعبيرات

※ 인사 답변의 예절

السلام عليك (앗쌀라-무 알라이쿰)에 대한 대답으로는 وعليكم السلام (와 알라이쿰 쌀람)으로 충분하다. 그러나 상대방이 السلام عليكم ورحمة الله وبركاته (앗쌀라-무 알라이쿰 와 라흐마툴라히 와 바라카-투후)로 인사했다면 대답을 하는 사람은 반듯이 وعليكم السلام ورحمة الله وبركاته (와 알라이쿰 쌀람 와 라흐마툴라히 와 바라카-투후)가 되어야 한다. 그렇지 않고 وعليكم السلام (와 알라이쿰 쌀람)으로 대답하면 큰 실례가 된다. رحمة الله (라흐마툴라히)는 하나님의 자비란 뜻이고 وبركاته (와 바라카-투후)는 그분의 축복이란 의미다.

الثقافة | 아랍인의 손님 대접

남자 주인이 없는 아랍인 가정을 방문하는 것은 큰 실례가 된다. 초청을 받아 가정을 방문할 때도 절친한 친구 사이가 아니면 가능한 아내의 안부를 묻지 않는 것이 상대방에 대한 예절이다. 대다수 아랍인 가정에는 남자 사랑방과 여자 사랑방이 따로 있다. 부부가 초청을 받아 아랍인 가정을 방문했어도 남자는 남자 사랑방으로 그리고 아내는 여자 사랑방으로 안내를 받는 것이 일반적인 관습이다.

손님이 찾아왔을 때 능력껏 정성을 다하여 대접하는 것이 무슬림의 의무라고 예언자 무함마드는 가르쳤다. 손님 접대는 최소한 3 일이며 그 이상은 자선이라며 손님이 사용할 방까지 두라고 하였다. 이에 따라 아랍 및 이슬람 사회에서는 아는 사람이건 모르는 사람이건 또는 부유한 사람이건 가난한 사람을 막론하고 손님에 대한 예의는 극진하다. 때로는 손님이 마음으로 감당하기 힘들 정도로, 때로는 서구사회에서 찾아보기 어려울 정도로 풍성하게 그리고 정성을 다하는 그들의 모습을 엿볼 수 있다. 이러한 미풍양속은 꾸란의 가르침과 예언자 아브라함의 손님 대접을 본받은 예언자 무함마드의 가르침에 따라 전통으로 내려오고 있기 때문이다. 예언자 아브라함의 손님 접대와 관련하여 아랍과 이슬람사회에서는 낯모르는 사람이 찾아왔을 때 그를 가리켜 하나님께서 보낸 천사라고 까지 말하면서 손님에게 극진히 대접하는 아랍 무슬림을 오늘날도 어렵지 않게 발견할 수 있다.

손님으로 초대를 받았을 경우 특별한 사유가 없는 한 초청을 수락하되 초대 시간에 늦지 말아야 하며, 비록 양치는 가난한 목동이 초대를 했다 하더라도 기꺼이 수락하여 그가 준비한 음식이 축복을 받도록 해야 한다고 하였다. 초청이 겹쳤을 때는 먼저 온 초청이 우선이고 부자와 가난한 사람의 초청이 동시에 있었을 때는 후자의 것을 수락하는 것이 더 낫다고 하였다. 부자는 경제적 여유가 있어 아무 때나 잔치를 할 수 있지만 가난한 사람은 그렇지 못하기 때문이다.

양보와 양해 الاستئذان والاعتذار

45 الدرس

상대에게 양해를 구할 때 쓸 수 있는 정중한 표현이다. 선행을 기록하는 천사가 모든 일생 동안 사람의 오른편에 동행한다는 이슬람교에 근거하여, 아랍인들과 무슬림들은 오른손 문화 예절을 존중한다. 그래서 좋은 것은 오른쪽부터 시작하는 전통이 보편화 되어 있다.

المحادثة

كيم جينسوك : تفضل .

타팟돨

김진숙: 자, 먼저(들어가세요: please)

عثمان : لا ، تفضلي أنت .

라, 타팟돨리 안티

우스만: 아니요, 당신이 먼저.

كيم جينسوك : أنت الأول .

안타 알아우왈

김진숙: 당신이 첫 번째로

عثمان : لا ، على اليمين

라, 알랄 야민

우스만: 아니요, 오른쪽부터 먼저

كيم جينسوك : هل هذه سنة ؟

할 하디히 순나?

김진숙: 이것은 이슬람의 전통인가요?

عثمان : نعم .

나암

우스만: 그래요(Yes)

كيم جينسوك : كيف العائلة ؟

카이파 아-일라?

김진숙: 가족은 잘 있어요?

عثمان : زوجتي وأولادي طيبون .

자우자티 와 아울라-디 따이이분

우스만: 저의 아내, 저의 아이들 잘 있어요.

الحمد لله .

알함두릴라

하나님께 감사할 일이에요.

يسلمون عليك .

유쌀리무나 알라이키

가족이 당신에게 안부전하더군요

كيم جينسوك : بعد إذنك ،

바으다 이즈니카

김진숙: 실례하지만

لازم أستأذن الحين .

라-짐 아쓰타으진 알힌

지금 꼭 양해를 구해야겠네요.

عثمان : بدرى ؟

바드리?

우스만: 벌써요?

كيم جينسوك : لا ، والله لازم .

라, 왈라히 라-짐

김진숙: 예(No), 맹세컨대 정말이에요.

عثمان : تفضلي .

타팟돨리

우스만: 그렇게 하세요.

الكلمات

سنة	: (순나) 예언자 무함마드의 가르침과 전통	العائلة	: (알+아-일라) 가족
زوجتي	: (자우자티) 나의 아내	أولادي	: (아울라-디) 나의 자식들
الحمد لله	: (알함두릴라) 영광은 하나님의 것	إذنك	: (이즈누+카) 당신의 허락
أستأذن	: (아쓰타으진) 내가 양해를 구하다.	الحين	: (알힌) 지금
والله	: (왈라히) 하나님께 맹세하건대, 정말로	لازم	: (라-짐) 반듯이, 꼭

القواعد

※ 성과 수에 따른 3인칭 과거동사의 변화는 어미에서 일어난다.

شرب : (샤리바) 그가 마셨다(3인칭 남성단수)

شربت : (샤리바트) 그녀가 마셨다(3인칭 여성단수)

شربوا : (샤리부) 그들이 마셨다(3인칭 남성복수)

شربن : (샤리브나) 그녀들이 마셨다(3인칭 여성복수)

توسيع الكلمات والتعبيرات

※ 다섯 가지의 영역

سنة (순나)는 예언자 무함마드의 전통으로 각 무슬림 개인의 재량에 맡기는 영역이다. واجب (와-집)은 의무사항으로 행하면 보상을 받고 행하지 아니하면 벌을 받는 영역이며, حرام (하람)은 금지사항으로 행하지 아니하면 보상을 받고 행하면 벌을 받는 영역, مستحب (무스타합부)는 권장사항으로 행하면 좋고 행하지 않아도 무관한 영역, مكروح (마크루-흐)는 혐오사항으로 행하지 않으면 보상을 받고 행해도 관계없는 영역을 의미한다.

الثقافة | 오른손 문화

아담이 창조될 때 천사들이 그를 받으면서 평안하소서(السلام عليكم : 앗쌀라무 알라이쿰)라고 인사했던 것이 기원이 되어 신생아가 태어날 때 천사들이 아이를 받으면서 그 아이의 평안을 기원하는 인사를 한다고 한다. 그 순간부터 두 천사가 그 아이와 일생을 함께하는데 라킵(راكب)이라는 천사는 그 아이의 우편을 동행하면서 그의 선의(善意)와 선행(善行)을 기록하고 아티드(عتيد) 천사는 좌편을 동행하면서 그의 악의(惡意)와 악행(惡行)을 하나도 빠뜨리지 않고 기록한다는 이슬람 교리에 따라 아랍과 이슬람 사회에서는 오른손과 왼손문화가 있다.

이런 배경으로 인하여 좋은 것일 때는 오른쪽부터 시작하고 그렇지 않을 경우에는 왼쪽부터 시작한다. 예배를 종료할 때 우편에 있는 천사에게 먼저 인사하는 것 등을 비롯하여 음식을 먹거나 마실 때, 선물을 주고받을 때, 아이의 머리를 쓰다듬어 줄 때의 에티켓은 오른손이어야 하며, 사원이나 교회 등 성스러운 장소에 들어갈 때, 화장실에서 나올 때는 오른발부터 움직인다. 그러나 소변이나 대변을 마친 후 그 두 곳을 청결하게 할 때 그리고 코를 풀 때는 왼손이어야 하며, 화장실에 들어갈 때는 왼발이 먼저 움직이는 것이라고 예언자 무함마드는 가르쳤다.

물장수
بائع المياه

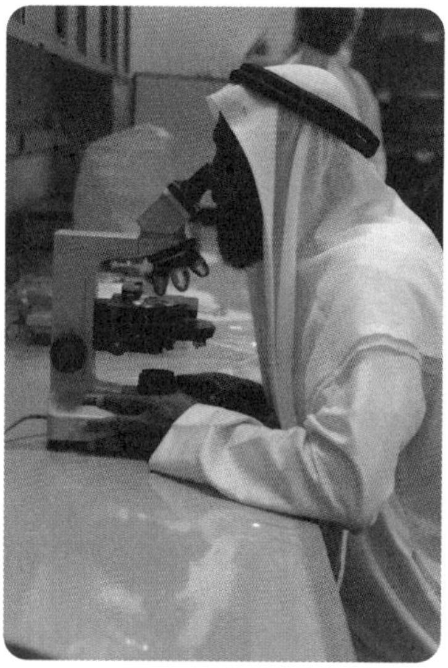

현미경으로 작업하고 있는 교수
الأستاذ يعمل على المجهر

빵 굽는 사람
الخباز

الموضوع الرابع عشر 14

일과 직업

46 사무실에서

47 일의 만족

48 날씬한 몸매

이슬람문화의 영향을 받은 절대 다수의 아랍인들은 현세를 위한 일과 내세를 위한 일이 있다고 믿으며 살아가고 있다.

꾸란의 영향도 크지만 현세를 위해서는 영원히 사는 것처럼 일하고, 건강할 때 건강을 지키며, 내일 죽는다고 생각하고 내세를 준비하라는 예언자 무함마드의 가르침 때문이다. 일을 하다가도 예배시간이 되면 현재 자신이 있는 장소에서 몸을 닦고 내세를 위해 예배하는 그들의 모습은 물질만능주의에 빠져 일의 노예가 된 사람들에게 교훈을 던져줄 때가 있지만 서두르지 않는 아랍인들의 업무처리는 성질이 급하고 빨리빨리 문화에 젖어 있는 한국인들로서는 이해하기 어려울 때가 있다. 딸 결혼시키는 일, 장례를 치르는 일, 선행을 쌓는 일 외에는 서두르지 않는 것이 안전하다는 예언자 무함마드의 가르침의 영향도 있지만 열사의 환경에 적응해서 살아가는 생활의 지혜처럼 느껴질 때도 있다.

아랍에서는 체류 기간에 따라 1달에서부터 12개월까지의 월세도 있지만 전세 임대제도는 없으며 현금으로 일시 지불하는 것이 일반적이다. 집안에 생활에 필요한 시설과 세탁기 가정용품들이 갖추어져 있으므로 중개인을 통하여 임대계약 전에 꼼꼼히 살펴보고 따져보아야 한다. 대가족 제도의 생활이 보편화되어 있어 단독주택의 집들이 큰 편이다.

사무실에서 في المكتب

46 الدرس

정부 행정 부처의 명칭을 알아본다. 일부 이슬람 국가에는 특별히 이슬람부처가 따로 존재하며, 석유왕국 사우디아라비아 같은 경우에는 석유 및 광물부처를 따로 만들어 놓았다.

المحادثة

على : من حضرتك ؟

만 하다르투카?

알리: 귀하는 구누시죠?

السيد سون : اسمي سون هيجون .

이쓰미 손희준

손 선생: 저의 이름은 손희준입니다.

علي : من أين أنت ؟

민 아이나 안타?

알리: 어디서 오셨지요?

السيد سون : أنا من كوريا

아나 민 쿠-리야

손 선생: 저는 한국에서 왔어요.

علي : أين تشتغل ؟

아이나 타쉬타길?

알리: 어디서 근무하지요?

السيد سون : في وزارة الخارجية .

피 위자-라틸 카-리지야

손 선생: 외무부에서요.

علي : أهلا وسهلا .
아흘란 와 싸흘란
알리: 반가워요.

السيد سون : أهلا بك .
아흘란 비크
손 선생: 저도 반가워요.

الكلمات

من : (만; 민) 누구(Who)

تشتغل : (타쉬타길루; 타쉬타길) 근무하다(당신이)

حضرتك : (하다르투+카) 씨, 귀하

وزارة الخارجية : (위자-라툴 카-리지야) 외무부

■ 부서 명칭

وزارة الداخلية : (위자-라투 다-킬리야) 내무부

وزارة المعارف : (위자-라툴 마아-리프) 교육부

وزارة التعليم : (위자-라투 타을림) 교육부

وزارة التجارة والصناعة : (위자-라투 티자-라 와 시나-아) 상공부

وزارة المواصلات : (위자-라툴 무와-쌀라트) 교통부

وزارة الدفاع : (위자-라투 디파-아) 국방부

وزارة الإعلام : (위자-라툴 이올람) 문공부

وزارة الزراعة : (위자-라투 지라-아) 농림부

وزارة المالية : (위자-라툴 말-리야) 재무부

وزارة العمل : (위자-라툴 아말) 노동부

وزارة العَدْل : (위자-라툴 아들) 법무부

وزارة الحج : (위자-라툴 핫지) 순례부처

وزارة الشؤون الإسلامية : (위자-라투 슈우닐 이슬라미야) 이슬람부처

وزارة البترول والمعادن : (위자-라툴 베트롤 와 마아-딘) 석유 및 광물부처

القواعد

※ 성과 수에 따른 2인칭 과거동사의 변화는 주로 어미에서 일어난다.

1) أكل : (아칼라) 먹었다.

ت (타) + أكل = أكلت : (아칼타) 당신이 먹었다. (2인칭 남성단수)

ت (티) + أكل = أكلت : (아칼티) 당신이 먹었다. (2인칭 여성단수)

تم (툼) + أكل = أكلتم : (아칼툼) 당신들이 먹었다. (2인칭 남성복수)

تن (툰나) + أكل = أكلتن : (아칼툰나) 당신들이 먹었다. (2인칭 여성복수)

※ كان : (카-나) 있었다, 이었다. (영어의 be 동사)

ت (타) + كان = كنت : (쿤타) 당신은 ...이었다. (2인칭 남성단수)

ت (티) + كان = كنت : (쿤티) 당신은 ...이었다. (2인칭 여성단수)

تم (툼) + كان = كنتم : (쿤툼) 당신들은 ...이었다. (2인칭 남성복수)

تن (툰나) + كان = كنتن : (쿤툰나) 당신들은 ...이었다. (2인칭 여성복수)

التدريبات

아랍어로 말해보세요.

01 누구십니까? ______________________

02 어느 나라에서 오셨습니까? ______________________

03 저는 한국에서 왔습니다. ______________________

04 어디서 근무하시나요? ______________________

توسيع الكلمات والتعبيرات

※ 존칭어와 관련된 어휘

حضرتكم : (하드라투쿰) 각하, 귀하

حضرة صاحب الفخامة الرئيس : (하드라트 사-히불 파카-마트 아르라이스) 대통령 각하

حضرة صاحب الجلالة الملك : (하드라트 사-히불 잘라-라트 알말리크) 왕 폐하

سعادتكم : (싸아-다투쿰) 귀하, 각하

فضيلتكم : (파딜-라투쿰) 학자나 저명인사에게 붙이는 존칭어

خادم الحرمين الشريفين : (카-디물 하라마이니 샤리-파이니) 두 성지의 수호자란 뜻으로 사우디아라비아 국왕의 호칭이다.

الثقافة | 특별한 부처

정무를 담당하는 아랍 국가의 부처와 기능도 우리와 별 다를 바가 없으나 여러 아랍국가에는 이슬람부처 및 종교담당 부처가 있다. 그 중에서도 이슬람의 종주국인 사우디아라비아에는 이슬람부처 외에도 성지순례를 전담하는 부서와 석유 및 광물 전담 부처가 있다는 것이 특징이며 교육부는 4년제 대학을 전담하는 고등교육부와 2년제 대학 이하를 전담하는 교육부로 이원화 되어 있다.

일의 만족 الرضاء عن العمل

47
الدرس

직업을 묻는 표현을 배워본다.

المحادثة

السيد سون : أنا أعمل منتج الإذاعة للتعليم ،

아나 아으말루 문티잘 이다-아 리타올림

손 선생: 저는 교육방송 프로듀서로 근무하고 있어요.

ماذا تعمل أنت ؟

마다 타으말루 안타?

당신은 무슨 일을 하세요?

عبد المجيد : أعمل مهندسا .

아으말로 무한디싼

압둘마지드: 저는 엔지니어로 일하고 있어요.

السيد سون : أين تعمل ؟

아이나 타으말루?

손 선생: 당신은 어디서 일하세요?

عبد المجيد : أعمل في شركة أرمكو.

아으말루 피 샤리카 아람코

압둘마지드: 저는 아람코 회사에서 일하고 있는데,

أين تعمل أنت ؟

아이나 타으말루 안타?

당신은 어디서 일하세요?

السيد سون : أعمل في الإذاعة الكورية للتعليم .

아으말루 필 이다-아틸 쿠-리야 리타을림
손 선생: 저는 EBS에서 근무하고 있어요.

عبد المجيد : كم ساعة تعمل في اليوم ؟

캄 싸-아탄 타으말루 필 야우미?
압둘마지드: 당신은 하루 몇시간 일하세요?

السيد سون : أعمل ثماني ساعات في اليوم .

아으말루 싸마 니야 싸아-틴 필 야우미
손 선생: 저는 하루에 8시간 일해요.

عبد المجيد : هل تحب عملك ؟

할 투합부 아말라카?
압둘마지드: 당신의 일을 좋아합니까?

السيد سون : نعم ، أحب عملي .

나암, 우합부 아말리
손 선생: 예, 저는 나의 일을 좋아해요.

عبد المجيد : أنا أحب عملي أيضا .

아나 후합부 아말리 아이단
압둘마지드: 저 역시 저의 일을 좋아해요.

الكلمات

أعمل : (아으말루) 내가 일하다.

الإذاعة : (알+이다-아투; 알이다-아) 방송

تعمل : (타으말루) 당신이 일하다.

شركة : (샤리카툰; 샤리카) 회사

عملك : (아말루+카) 당신의 일(카: 당신의)

منتج : (문티준; 문티즈) 제작자, 생산자

تعليم : (타을리문; 타을림) 교육

مهندس : (무한디쑨; 무한디쓰) 기술자

تحب : (투힙부) 당신이 사랑하다.

أحب : (우힙부) 내가 좋아하다.

القواعد

※ 성과 수에 따른 1인칭 과거동사의 변화는 어미에서 일어난다.

أكلت : (아칼투) 나는 먹었다(1인칭 단수)

أكلنا : (아칼르나) 우리는 먹었다(1인칭 복수)

1) استيقظت من النوم : (이스타이까즈투 미난 나움) 나는 잠에서 깨었다.
2) غسلت وجهي : (가살투 와즈히) 나는 나의 얼굴을 씻었다.
3) ذهبت إلى المدرسة : (다합투 일랄 마드라싸티) 나는 학교에 갔다.
4) درسنا الدرس : (다라쓰나 다르싸) 우리는 학과를 공부했다.
5) رجعنا إلى البيت : (라자으나 일랄 바이티) 우리는 집으로 돌아왔다.

التدريبات

아랍어로 말해보세요.

01 당신은 어디서 일합니까? ______________________

02 저는 선생님으로 일하고 있어요. ______________________

03 당신의 일을 좋아합니까? ______________________

04 네, 내 일을 좋아해요. ______________________

توسيع الكلمات والتعبيرات

※ 직업과 관련된 어휘

المنتج : (알문티주) 프로듀서
رجل أعمال : (라줄 아으말) 사업가
المهندس : (알무한디쓰) 기술자
المحامي : (알무하-미) 변호사
التاجر : (앗타-지루) 상인
الفلاح : (알팔라-후) 농부
الأستاذ : (알우수타-주) 교수
الطبيب : (앗따비-부) 의사
القاضي : : (알까-디) 판사
الصحفي : (앗수후피유) 언론인
الفنان : (알판난) 예술가

الثقافة | 일과 종교

이슬람문화의 영향을 받은 절대 다수의 아랍인들은 현세를 위한 일과 내세를 위한 일이 있다고 믿으며 살아가고 있다. 꾸란의 영향도 크지만 현세를 위해서는 영원히 사는 것처럼 일하고, 건강할 때 건강을 지키며, 내일 죽는다고 생각하고 내세를 준비하라는 예언자 무함마드의 가르침 때문이다. 일을 하다가도 예배시간이 되면 현재 자신이 있는 장소에서 몸을 닦고 내세를 위해 예배하는 그들의 모습은 물질만능주의에 빠져 일의 노예가 된 사람들에게 교훈을 던져줄 때가 있다.

날씬한 몸매

رجل سمين ورجل نحيف

48
الدرس

무슬림들이 돼지고기를 먹지 않는 것은 잘 알려져 있는 사실이다. 또한 하나님의 이름으로 도살된 고기만을 먹을 수 있다.

المحادثة

السيد سون : كم وجبة تأكل في اليوم ؟

캄 와즈바탄 타으쿨루 필 야우미?

손 선생: 하루에 몇 끼 식사하세요?

عبد المجيد : آكل ثلاث وجبات ،

아아쿨루 살라-싸 와자바-트

압둘마지드: 저는 세 끼 먹어요.

الفطور والغداء والعشاء .

알푸뚜-르, 왈가다, 왈아샤

아침, 점심, 저녁

السيد سون : هذا كثير جدا .

하다 카씨-르 짓단

손 선생: 꽤 많이 드시네요.

أنا آكل وجبة واحدة .

아나 아아쿨루 와즈바탄 와-히다

저는 한 끼만 먹어요.

عبد المجيد : هذا قليل جدا .

하다 깔릴 짓단

압둘마지드: 꽤 적게 드시네요.

السيد سون : ماذا تأكل في الغداء ؟

마다 타으클루 필 가다?

손 선생: 점심에는 무엇을 드세요?

عبد المجيد : آكل اللحم والدجاج

아아클루 라함, 와 다자-즈

압둘마지드: 고기, 닭고기,

و الأرز و الخبز.

왈 우르즈 왈 쿠브즈

쌀밥, 빵을 먹어요.

عبد المجيد : ما وزنك ؟

마 와즈누카?

압둘마지드: 당신의 몸무게는 얼마나 되지요?

السيد سون : ٦٠ كيلا . وما وزنك أنت ؟

씻투나 킬-란 와 마 와즈누카 안타?

손 선생: 60킬로입니다. 당신의 몸무게는 몇 킬로에요?

عبد المجيد : ١٠٠ كيل .

마아트 킬-린

압둘마지드: 100킬로에요.

السيد سون : أنت سمين جدا .

안타 싸민 짓단

손 선생: 당신은 꽤 뚱뚱하군요.

عبد المجيد : وأنت نحيف جدا .

와 안타 나히-프 짓단

압둘마지드: 당신은 꽤 갸날프군요.

الكلمات

وجبة : (와즈바툰; 와즈바) 끼니, 먹을 것

آكل : (아아쿨루; 아아쿨) 내가 먹다.

الغداء : (알+가다우; 알가다) 점심, 오찬

قليل : (깔리-룬; 깔릴) 소량, 양이 적은

الدجاج : (앗+다자-주; 앗다자-즈) 닭고기

الخبز : (알+쿠브주; 알쿱즈) 빵

السلطة : (앗+쌀라똬투; 앗쌀라똬) 샐러드

وزنك : (와즈누+카) 무게(당신의)

نحيف : (나흐-푼; 나히-프) 날씬한, 갸날픈

تأكل : (타우쿨루; 타우쿨) 당신이 먹다.

الفطور : (알+푸뚜-루; 알푸뚜-르) 아침, 조반

العشاء : (알+아샤우; 알아샤) 저녁, 만찬

اللحم : (알+라하무; 알라함) 고기

الأرز : (알+아룻주; 알아룻즈) 쌀, 쌀밥

السمك : (앗+싸마쿠; 앗싸마크)

الفاكهة : (알+파-키하투; 알파-키하)

سمين : (싸미-눈; 싸민) 뚱뚱한, 살찐

القواعد

※ 성과 수에 따른 3인칭 현재동사의 변화는 주로 어두에서 일어난다.

يذهب : (야드하부) 그가 가다 (3인칭 남성단수)

تذهب : (타드하부) 그녀가 가다 (3인칭 여성단수)

يذهبون : (야드하부나) 그들이 가다 (3인칭 남성복수)

يذهبن : (야드하브나) 그녀들이 가다 (3인칭 여성복수)

توسيع الكلمات والتعبيرات

※ 무슬림들이 먹는 고기와 먹지 않는 고기류

لحم الخروف : (라함 카루-프) 양고기 **لحم البقرة** : (라함 바까라) 소고기 **لحم الجمل** : (라함 자말) 낙타고기
لحم الحصان : (라함 히싼) 말고기
لحم الماعز :(라함 마-이즈) 염소고기 … 등이며 이슬람이 식용으로 금지하고 있는 고기로는
لحم الخنزير : (라함 킨지-르) 돼지고기 **لحم الكلاب** : (라함 킬랍) 개고기 **دم** : (담) 피 … 등이 있다.

الثقافة | 백의대식

아랍 남성들이 선호하는 여성은 날씬하거나 가냘픈 몸매의 여성이 아니라 약간 풍성해 보이는 여성이다. 아이를 잘 낳을 수 있는 여성이 배우자로서 좋다는 예언자 무함마드의 가르침이 이러한 생각을 갖게 만들었는지도 모른다. 결혼을 하여 출산을 하기 전까지의 아랍 여성 대부분은 보기에 좋을 만큼 몸매가 좋으나 출산을 한 후에는 몸이 무척 늘어난다. 우리 문헌에는 아랍인들이 하얀 색의 옷을 선호하고 음식을 많이 먹는 '백의대식' 하는 사람들로 소개되어 있지만 한국인들보다 음식을 많이 먹지는 않는다. 오히려 우리보다 적게 먹는 편이다. 열사의 더위 때문에 운동량이 부족한 탓도 있지만 체질이 동남아시아계 여성보다는 유럽 여성들의 체질을 닮은 데서 비롯된 것으로 보인다.

리야드 소재 디르이야 고궁
قصر الدرعية القديم في الرياض

디르이야 고궁의 창문과 호롱불
شباك ومصباح قصر الدرعية القديم

생선시장
سوق الأسماك

الموضوع الخامس عشر 15

아랍에서의 생활

대부분의 아랍국가들은 고온 건조한 사막기후에다 보수적인 이슬람 문화가 지배적인 사회이다 보니 기후와 자연환경이 좋고 개방된 기독교 서구문화에 젖은 외국인들이 생활하기에 좋은 환경은 아니다. 대체적으로 대다수 아랍국가에 술 문화가 없다 보니 술과 관련한 유흥문화 역시 거의 없는 편이며 이성간의 성문화는 거의 불가능하다고 생각하는 것이 편하다. 대다수 아랍국가에 음주운전 사고와 성병이 적은 것은 바로 술 문화와 유흥문화가 보편화되어 있지 않기 때문이다.

이슬람의 명절은 우리의 추석명절 규모에 해당하는 이둘피트르 명절과 설날에 해당하는 이둘아드하 명절이 있다. 이둘피트르 명절은 라마단 달의 단식을 종료하면서 하나님께 감사하는 명절로 이슬람 달력 9월 1일이며, 이둘피트르 명절은 예언자 아브라함의 전통에 따라 허용된 짐승을 잡아 제단에 올리면서 하나님께 감사하는 명절로 이슬람 달력 12월 10일이다. 이슬람 달력은 서력에 비해 11일이 짧다. 그 결과 이 두 명절은 매년 11일씩 앞당겨 온다.

비자 없이도 입국과 출국이 자유로운 나라들은 예외이지만 재입국이 필요한 사람은 그 나라에서 재입국 비자를 받아 출국하는 것이 가장 편하다. 재입국이 필요 없을 것이라고 생각했다가 재입국이 필요한 경우에는 절차와 시간과 경비가 많이 소모되기 때문이다.

집 임대 استئجار البيت

49 الدرس

아랍에서는 월세나 전세가 없으며 일년을 단위로 하여 현금지불을 한다. 생활필수품들은 모두 갖추어져 있으므로 계약하기 전에 필요한 것들을 꼼꼼히 따져 본 후 계약하는 것이 좋다.

المحادثة

كيم جينسوك : السلام عليكم .

앗쌀라-무 알라이쿰

김진숙: 안녕하세요.

عبد المجيد : وعليكم السلام .

와 알라이쿰 쌀람

압둘마지드: 안녕하세요.

كيم جينسوك : أريد شقة ، من فضلك .

우리-두 샤까탄, 민 파들릭

김진숙: 실례지만 아파트를 원합니다.

عبد المجيد : لدينا شقة جميلة .

라다이나 샤까툰 자밀-라

압둘마지드: 좋은 아파트 있어요.

كيم جينسوك : كم غرفة في الشقة ؟

캄 구르파탄 파 샤까?

김진숙: 방은 몇 개나 되지요?

عبد المجيد : في الشقة خمس غرف .

피 샤까티 캄쓰 구라프

압둘마지드: 5개의 방이 있어요

كيم جينسوك : في أيّ دور الشقة ؟

피 아이이 다우리 샷까?

김진숙: 아파트 몇 층에 있지요?

عبد المجيد : الشقة في الدور الخامس .

앗샤까투 피 다우릴 카-미쓰

압둘마지드: 5층에 있어요.

كيم جينسوك : أريد مشاهدة الشقة .

우리-두 무샤-하다타 샷까

김진숙: 방을 보고 싶은데요.

عبد المجيد : تفضلي ... كيف الشقة ؟

타팟될 ... 케이파 샷까?

압둘마지드: 그렇게 하세요 ... 아파트 어떠세요?

هل تعجبك ؟

할 투우지부키?

마음에 드세요?

كيم جينسوك : نعم ، تعجبني .

나암, 투으지부니

김진숙: 예, 마음에 들어요.

الكلمات

أريد	: (우리-두; 우리-드) 나는 원한다.
لدينا	: (라다이나) 우리는 갖고 있다.
دور	: (다우룬; 다우르) 층
تعجبك	: (투으지부+카) 당신 마음에 들다.
شقة	: (샷까툰; 샷까) 아파트, 주택
غرفة	: (구르파툰; 구르파) 방
مشاهدة	: (무샤-하다툰; 무샤하-다) 구경, 보는 것
تعجبني	: (투으지부+니) 내 마음에 들다.

القواعد

※ 성과 수에 따른 2인칭 현재동사의 변화는 어두에 ت (타)가 오며 어미에서도 변화가 일어나는데 2인칭 남성단수에서는 어미의 변화가 없다.

1) جلس : (잘라싸)의 현재형은 يجلس : (야즐리쑤)로 '자리에 앉다' 라는 뜻이다.

جلس = تجلس : (타즐리쑤) 당신이 앉는다. (2인칭 남성단수)
ين (이-나) + جلس = تجلسين : (타즐리씨-나) 당신이 앉는다. (2인칭 여성단수)
ون (우-나) + جلس = تجلسون : (타즐리쑤-나) 당신들이 앉는다 . (2인칭 남성복수)
ن (나) + جلس = تجلسن : (타즐리쓰나) 당신들이 앉는다. (2인칭 여성복수)

2) 현재형 동사 앞에 س (싸)나 سوف (싸우파)를 붙여 미래를 표현한다. 전자는 연결되나 후자는 연결되지 않고 독립적으로 사용된다.

س + يجلس = سيجلس : (싸야즐리쑤) 그는 앉을 것이다.
سوف + يجلس = سوف يجلس : (싸우파 야즐리쑤) 그는 앉을 것이다.

التدريبات

아랍어로 말해보세요.

01 아파트를 원해요. ______________________

02 당신의 집은 아파트 몇 층입니까? ______________________

03 마음에 드세요? ______________________

04 네, 마음에 듭니다. ______________________

توسيع الكلمات والتعبيرات

※ 임대 관련 어휘

سمسار : (씸싸-룬; 씸싸-르) 중개업자

أجرة السمسار : (우주라투 씸싸-르) 중개료

للإيجار : (릴이자-르) 세놓음

مؤجر : (무앗지르) 집주인, 임대인

استأجر : (이쓰타으자라) 세내다, 빌리다.

مستأجر : (무스타으자르) 빌려 쓰는 자, 임차인

مكتب السمسار : (마크타부 씸싸-르) 부동산 중개소

إيجار : (이자-르) 전세

غرفة للإيجار : (구르파툰 릴이자-르) 셋방

مؤجر : (무앗자르) 빌려 쓰는 자, 임차인

مستأجر : (무스타으지르) 집주인, 임대인

أجرة العقار : (우주라툴 이까-르) 전세

الثقافة | 집 임대

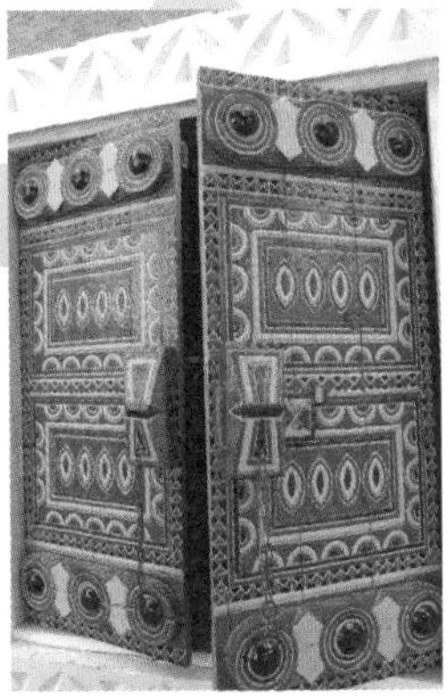

아랍에서는 체류 기간에 따라 1달에서부터 12개월까지의 월세도 있지만 전세 임대제도는 없는 편이며 현금으로 일시 지불하는 것이 일반적이다. 임대하는 집들을 생활에 필요한 시설과 세탁기 가정용품들이 갖추어져 있으므로 중개사(السمسار : 씸싸-르)를 통하여 임대계약 전에 꼼꼼히 살펴보고 따져보아야 한다. 대가족 제도의 생활이 보편화되어 있어 단독주택의 집들이 무척 큰 편이다.

가구 구매 شراء الأثاث

50 الدرس

각 방과 가구의 명칭을 알아보고 가구점에 들러 구매 상담관련 대화를 공부한다.

المحادثة

عبد المجيد : السلام عليكم .

앗쌀라-무 알라이쿰

압둘마지드: 어서오세요(안녕하세요)

كيم جينسوك : وعليكم السلام .

와 알라이쿰 쌀람

김진숙: 안녕하세요.

عبد المجيد : أي خدمة ؟

아이 키드마?

압둘마지드: 무엇을 도와드릴까요?

كيم جينسوك : أريد بعض الأثاث .

우리-두 바으달 아싸-쓰

김진숙: 일부 가구들을 원합니다.

عبد المجيد : ماذا تريدين لغرفة النوم ؟

마다 투리-디나 리구르파틴 나움?

압둘마지드: 침실용으로 무엇을 원하세요?

كيم جينسوك : أريد سريرا وستارة .

우리-두 싸리-란 와 씨타-라탄

김진숙: 침대와 커튼을 원해요.

عبد المجيد : وماذا تريدين لغرفة الجلوس ؟

와 마-다 투리-디나 리구르파틸 줄루-쓰?

압둘마지드: 응접실용으로 무엇을 원하세요?

كيم جينسوك : أريد أريكة وسجادة .

우리-두 아리-카 와 쌋자-다

김진숙: 소파와 카페트를 원해요.

عبد المجيد : وماذا تريدين للمطبخ ؟

와 마-다 투리-디나 릴마뜨바크?

압둘마지드: 부엌용으로 무엇을 원하세요?

كيم جينسوك : أريد فرنا وثلاجة .

우리-두 푸른 와 쌀라-자

김진숙: 오븐과 냉장고를 원해요.

عبد المجيد : وماذا تريدين للحمام .

와 마-다 투리-디나 릴함맘?

압둘마지드: 화장실용으로 무엇을 원하세요?

كيم جينسوك : أريد سخانا ومرآة .

우리-두 쌋카-난 와 미르아탄

김진숙: 온수기와 거울을 원해요.

وأريد مشاهدة الأثاث .

와 우리-두 무샤-하다탈 아싸-쓰

가구들을 보고싶은데요.

عبد المجيد : تفضلي .

타팟돨리

압둘마지드: 그렇게 하세요.

الكلمات

أي : (아이) 어떤(any)
أريد : (우리-두) 내가 원하다.
الأثاث : (알+아싸-쑤; 알아싸-쓰) 가구
تريد : (투리-두) 당신이 원하다.
النوم : (안+나움) 잠
سرير : (싸리-룬; 싸리-르) 침대
الجلوس : (알+줄루-쓰) 앉는 것
أريكة : (아리-카툰; 아리-카) 소파
المطبخ : (알+마뜨바크) 부엌
ثلاجة : (쌀라-자툰; 쌀라-자) 냉장고
سخان : (싸카-눈; 싸칸) 온수기
مشاهدة : (무샤-하다툰; 무샤-하다) 구경, 보는 것
خدمة : (키드마툰; 키드마) 봉사, 도움
بعض : (바으둔; 바으드) 일부
ماذا : (마-다) 무엇을
غرفة : (구르파툰; 구르파) 방
غرفة النوم : (구르파트 나움) 침실
ستارة : (씨타-라툰; 씨타-라) 커튼
غرفة الجلوس : (구루파툴 줄루-쓰) 응접실
سجادة : (쌋자-다툰; 쌋자-다) 카페트
فرن : (푸른) 오븐
الحمام : (알+함마-무; 알함맘) 화장실
مرآة : (미르아-툰; 미르아) 거울
تفضل : (타팟돨) 그렇게 하세요.

القواعد

※ 성과 수에 따른 1인칭 현재동사의 변화는 어두에서 일어난다.

أجلس : (아즐리쓰) 나는 앉다 (1인칭 단수)
نجلس : (나즐리쓰) 우리는 앉다 (1인칭 복수)

توسيع الكلمات والتعبيرات

※ 가구를 고를 때는 가구의 색깔도 중요하다.

لون : (라운) 색, 색깔
بلا لون : (빌라 라운) 무색의
لون فاتح : (라운 파-티흐) 밝은 색
لون غامق : (라운 가-미끄) 어두운 색
أبيض : (아부야드) 하얀
أسود : (아쓰와드) 검은
أسمر : (아쓰마르) 거무스레한
أحمر : (아흐마르) 빨간
أزرق : (아즈라끄) 푸른, 청색의
أصفر : (아스파르) 노란
أخضر : (아크다르) 초록의
خدمة : (키드마) 봉사, 시중, 협조
أي خدمة ؟ : (아이유 키드마?) 무엇을 도와드릴까요?
الخدمة العاملة : (알키드마툴 아-밀라) 현역근무
الخدمة العسكرية : (알키드마툴 아쓰카리야) 군복무
في خدمتكم : (피 키드마티쿰) 예, 그렇게 하겠습니다.
خدمة للحقيقة : (키드마탄 릴 하까-까) 진실을 위하여
الخدمة الإجبارية : (알키드마툴 이즈바-리야) 강제징집
الخدمة السرية : (알키드마투 씨르리야) 비밀정보업무

الثقافة | 카페트 문화

임대 주택이라도 생활에 필요한 기본 생활필수품이 거의 다 갖추어져 있으나 카페트는 없는 경우도 있다. 카페트 문화가 보편화 된 사회이기 때문에 고급 카페트를 제외하고는 가격이 대체적으로 저렴한 편이다. 햇살이 강렬한 그곳의 창문 커튼은 두 겹으로 한다. 창문 쪽으로는 햇볕 차단용 검은 커튼을 하고 실내 쪽으로는 실내용 커튼을 두는 것이 일반적이다.

이슬람의 명절 العيد في الإسلام

51 الدرس

우리나라에 설, 추석과 같은 명절이 있는 것처럼, 아랍과 이슬람 세계에도 명절이 있다. 단식 월 라마단 다음 달 첫 날의 이둘피트르 명절과 이슬람력 12월 10일 예언자 아브라함의 전통에 따라 정립된 이둘아드하 명절이 있는데, 이 기간 동안에는 전 세계 모든 무슬림 아랍인들과 비아랍인 무슬림들이 명절의 기쁨을 만끽하며 한 해의 인사를 주고 받는다.

المحادثة

أحمد : كم عيدا في الإسلام

캄 이-단 필 이슬람?

아흐마드: 이슬람의 명절은 몇 개지요?

عبدالله : في الإسلام عيدان ،

필 이슬람 이다-니

압둘라: 이슬람에는 두 개의 명절이 있어요

عيد الفطر وعيد الأضحى .

이-둘 피뜨르 와 이-둘 아드하

이둘피트르 명절과 이둘아드하 명절이 있지요.

أحمد : متى يكون عيد الفطر؟

마타 야쿠-누 이-둘피트르?

아흐마드: 이둘피트르 명절은 언제인가요?.

عبدالله : بعد شهر رمضان ،

바으다 샤흐르 라마단

압둘라: 라마단 달 다음

في اليوم الأول من شوال .

필 야우밀 아우왈 민 샤우왈

샤왈 달 첫날입니다.

أحمد : ماذا تعمل في يوم العيد ؟

마다 타으말루 피 야우밀 이-드?

아흐마드: 당신은 이 명절날에 무엇을 하나요?.

عبدالله : نعطي زكاة الفطر للفقراء

누으띠 자카-탈 피뜨르 릴푸까라-아

압둘라: 가난한 사람들에게 자카툴피트르를 줘요.

ونصلى صلاة العيد ،

와 누쌀리 쌀라-탈 이-드

압둘라: 명절예배를 드리고

ونزور الأقرباء والأصدقاء .

와 나주-룰 아끄리바 왈아스디까

그리고 친척들과 친구들을 방문해요.

أحمد : ومتى يكون عيد الأضحى ؟

와 마타 야쿠-누 이-둘 아드하?

아흐마드: 이둘하드하는 언제인가요?

عبدالله : في اليوم العاشر من ذي الحجة .

필 야우밀 아-쉬르 민 딜 힛자

압둘라: 이슬람력 12월 하지 달 10일입니다.

أحمد : وماذا تفعل في عيد الأضحى ؟

와마-다 타프알루 피 이-둘 아드하?

아흐마드: 당신은 이둘아드하 명절에는 무엇을 합니까?

عبدالله : نصلي صلاة العيد ،

누쌀리 쌀라-탈 이-드

압둘라: 명절예배를 드리고,

ونذبح الأضحية .

와 나드바후 우드히야타

짐승을 도살해요.

الكلمات

كم	:	(캄) 얼마(how much?)
الفطر	:	(알+피뜨루; 알피뜨르) 단식 깨뜨림
يكون	:	(야쿠-누; 야쿤) … 가 되다.
شوال	:	(샤우왈) 이슬람력 열번째 달
تعمل	:	(타으말루; 타으말) 당신이 … 하다.
زكاة الفطر	:	(자카-툴 피트르) 단식을 깨뜨리는 세금
شخص	:	(샤크순; 샤크스) 개인
الأقرباء	:	(알+아끄리바-우; 알아끄리바) 친척들
ذي الحجة	:	(딜힛자) 이슬람력 열 두번째 달
الأضحية	:	(알+우드히야투; 알우두히야) 도살되는 짐승
عيد	:	(이-둔; 이-드) 명절, 축제
متى	:	(마타; 미타) 언제(when)
الأول	:	(알+아우왈루; 알아우왈) 첫 번째
ماذا	:	(마-다) 무엇
نعطى	:	(누으띠) 우리가 주다.
صاع	:	(싸운) 부피 단위
بعد ذلك	:	(바으다 달리카) 그 다음에
الأصدقاء	:	(알+아스디까-우; 알아스디까) 친구들
نذبح	:	(나드바후) 우리가 도살하다.

القواعد

ما (마)의 용법

1) 부정사로서의 ما

هو ما ذهب (후와 **마** 다하바): 그는 가지 않았다.

2) 의문사로서의 ما

ما اسمك ؟ (**마** 쓰무카?): 당신의 이름은 무엇이지요?

3) 관계대명사로서의 ما

أشرب ما تشربه (아슈라부 **마** 타슈라부후): 나도 당신이 마시는 것을 마실래요.

4) '어떤' 이란 뜻의 ما

في يوم ما (피 야우민 **마**): 어느 날

توسيع الكلمات والتعبيرات

※ 명절 관련 어휘

عيد : (이-둔) 명절, 잔치, 축제일, 휴일

عيد الميلاد : (이-둘 밀라-디) 성탄절

عيد رأس السنة : (이-두 라으씨 싸나) 1월 1일, 설날

عيدية رأس السنة : (이-디야투 라으씨 싸나) 새해 선물

عيد الكسوة : (이-둘 키스와) 카으바 신전 덮개 운반 및 덮개 갈아 입히는 행사

عيد مؤوي : (이-두 미아위) 100주년 기념일

عيدية : (이-디야툰) 명절 선물

عيدية الميلاد : (이-디야툴 밀라-디) 크리스마스 선물

الثقافة | 이슬람의 명절은 무엇이죠?

아랍세계 및 이슬람 국가에서 가장 큰 명절은 두 가지가 있다. 하나는 라마단 한 달 동안의 금식을 깨뜨리는 이둘피트르(عيد الفطر) 명절이 있다. 초승달을 보고 시작한 한 달 동안의 단식은 초승달을 보고 단식이 종료되며 이슬람력 열 번째의 샤왈(شوال) 달 1일이 명절로 이날부터 3일 정도가 공휴일이다. 우리에게 추석대목과 추석문화가 있는 것처럼 그곳에는 이둘피트르 대목과 이둘피트르 명절문화가 있다. 추석을 맞아 조상에 제사를 지내는 우리와는 달리 그곳 사람들은 단식의 종료를 축하한다는 뜻으로, 이두 무바라크(عيد مبارك) 문구로 인사를 주고받는다. 단식의 종료를 축하하고 명절을 맞아 축복을 받으라는 뜻이다.

아침 일찍 목욕을 하고 새 옷이나 깨끗한 옷차림을 한 후 향수를 뿌린다. 그리고 가까운 사원으로 나가 명절예배가 시작하기 전에 일인당 1.8킬로그램의 쌀이나 그에 해당하는 금액을 가족 수에 따라 지불한다. 이것을 두고 단식을 깨뜨리는 이슬람세(زكاة الفطر : 자카툴 피뜨르)라고 하는데 예배가 시작되기 전 가난한 사람, 불우한 사람, 필요로 하는 사람들에게 모두 분배하여 명절의 기쁨을 함께 나눈다.

또 하나의 명절은 짐승을 도살하여 제단에 바치는 이둘아드하(عيد الأضحى) 명절이다. 이슬람력 열두 번째 하지(ذو الحجة : 둘핫지) 달 10일이 최대 명절로 예언자 아브라함의 전통에 따라 어린양 등 이슬람에서 허용하고 있는 짐승을 하나님의 이름으로(بسم الله : 비쓰밀라) 도살한 후 제단에 바치는 날이다. 이날부터 3일 정도가 공휴일이다.

메카에 와 있는 하얀 옷차림의 순례자들은 양이나 소, 또는 낙타를 도살하면서 하나님께 감사의 기도를 드리는데 이때 명절의 분위기는 절정에 이른다. 하나님의 명령에 따라 아브라함이 아들 이스마엘을 대신하여 양을 제단에 바친 전통에 따른 것이다. 그러나 그 분위기는 밖으로 표출되지 않는다. 정신적으로 명절을 맞이하고 영적으로 기쁨을 얻는 명절이기 때문이다.

순례에 참가하지 못한 무슬림들은 가정에서 짐승을 도살하여 제단에 바친다. 그리고 도살된 고기는 3등분한다. 3분의 1은 가족이, 3분의 1은 이웃에게, 그리고 나머지 3분의 1은 가난한 사람들에게 나누어 명절의 기쁨을 함께 나눈다. 그리고 매년 다복하십시오(كل عام وأنتم بخير : 쿨루 암 와 안툼 비카이르)라는 문구로 인사를 주고받는다.

출국 مغادرة البلاد

52 الدرس

출국 시에는 비행 시각과 비자, 비행기 표 등을 꼼꼼히 확인해야 한다. 출국과 관련한 문장들을 공부한다.

المحادثة

الموظفة : أيّ خدمة ؟

아이 키드마?

직원: 무엇을 도와드릴까요?

السيد سون : لديّ حجز إلى سيول ، كوريا .

라다이야 하자준 일라 씨울, 쿠리야

손 선생: 한국 서울까지 예약은 했는데요.

الموظفة : هل الحجز على الخطوط السعودية ؟

할 하자즈 알라 쿠뚜-뜨 싸우디야?

직원: 사우디 항공으로 예약되었나요?

السيد سون : لا ، هو على خطوط الإمارات .

라, 후와 알라 쿠뚜-뜰 이마라-트

손 선생: 아니요, 에미레이트 항공입니다.

الموظفة : أين التذكرة ؟

아이나 타즈키라?

직원: 비행기표가 어디어 있지요?

السيد سون : هذه هي التذكرة .

하디히 히야 타즈키라

손 선생: 여기에 표 있어요.

الموظفة : وأين جواز السفر ؟

와 아이나 자와-즈 싸파르?

직원: 여권은 어디에 있지요?

السيد سون : هذا هو جواز السفر .

하다 후와 자와-즈 싸파르

손 선생: 여기 여권 있어요.

الموظفة : أين تأشيرة الخروج ؟

아이나 타으쉬-라툴 쿠루-즈?

직원: 출국비자는 어디에 있어요?

السيد سون : هذه تأشيرة الخروج ،

하디히 타으쉬-라툴 쿠루-즈

손 선생: 이것은 출국비자이고

وهذه تأشيرة الدخول .

와 하디히 타으쉬-라트 두쿨

그리고 이것은 입국비자입니다.

الموظفة : الرحلة رقم ١٢٥ .

아르리홀라 라깜 미아 와 캄싸 와 이슈린

직원: 비행편은 125번입니다.

تغادر الطائرة الساعة الثالثة عصرا .

투가-디루 따-이라투 앗싸-아 쌀-리싸 아스란

비행기는 오후 3시에 이륙합니다.

السيد سون : شكرا .

슈크란

손 선생: 감사합니다.

الموظفة : رحلة سعيدة .

리흘라툰 싸이-다

직원: 즐거운 여행 되기바랍니다.

الكلمات

خدمة	: (키드마툰; 키드마) 봉사, 도움	حجز	: (하자준; 하자즈) 예약
الخطوط السعودية	: (알+쿠뚜-뜨 싸우디야) 사우디 항공	خطوط الإمارات	: (쿠뚜-뚤 이마라-트) 에미레이트 항공
التذكرة	: (앗+타즈키라투; 앗타즈리카)	جواز السفر	: (자와-주 싸파리; 자와-즈 싸파르) 여권
أين	: (아니아) 어디에(where)	تأشيرة الخروج	: (타으쉬-라툴 쿠루-즈) 출국비자
تأشيرة الدخول	: (타으쉬-라투 두쿨) 입국비자	الرحلة	: (아르+리홀라투; 아르리홀라) 여행, 비행
رقم	: (라까문; 라깜) 번호	تغادر	: (투가-디루) 떠나다, 이륙하다.
الطائرة	: (앗+따-이라투; 앗따-이라) 비행기	الساعة	: (앗+싸-아투; 앗싸-아) 시간, 시계
الثالثة	: (앗+쌀-리싸투; 앗쌀-리싸) 세번째	عصر	: (아스룬; 아스르) 오후
سعيدة	: (싸이-다툰; 싸이-다) 행복한, 즐거운		

القواعد

관계대명사

관계대명사(الأسماء الموصولة : 알아쓰마울 마우쑬-라)는 남성단수와 복수, 여성단수와 복수로 분류된다.

من الفتى الذي دخل الفصل الآن ؟
(마닐 파타 **알라지** 다칼랄 파쓸라 알아-나?)
지금 교실에 들어간 소년은 누구지요? (남성단수)

من الفتية الذين دخلوا الفصلا الآن ؟
(마닐 피트야-투 **알라지-나** 다칼루 파쓸라 알아-나?)
지금 교실에 들어간 소년들은 누구지요?(남성복수)

من الفتاة التي دخلت الفصل الآن ؟
(마닐 파타-투 **알라티** 다칼라틸 파쓸라 알아-나?)
지금 교실에 들어간 소녀는 누구지요? (여성단수)

من الفتيات اللاتي دخلن الفصل الآن ؟
(마닐 파타야-투 **알라-티** 다칼르날 파쓸라 알아-나?)
지금 교실에 들어간 소녀들은 누구지요? (여성복수)

توسيع الكلمات والتعبيرات

※ 출국, 공항 및 여행인사 관련 어휘

غادر : (가-다라) 떠났다. 출발했다.

غادر سيول إلى دبي : (가-다라 서울 일라 두바이) 그는 두바이를 향해 서울을 떠났다.

مغادرة : (무가-다라툰) 떠남

رخصة المغادرة : (루크사툴 무가-다라) 출국허가서

مطار : (마따-룬) 공항

استراحة المطار : (이스티라-하툴 마따-르) 공항휴게실

صالة المطار : (쌀-라툴 마따-르) 공항대합실

مطار دولي : (마따-르 두왈리) 국제공항

مطار محلي : (마따-르 마할리) 국내공항

رحلة سعيدة : (리흘라툰 싸이-다) 행복한 여행 되시기 바랍니다.

وعودتكم بالسلامة : (와 아우디투쿰 비쌀라-마) 그리고 무사히 돌아오기 바랍니다.

الثقافة | 체류기간 확인

출국 전에 제일 먼저 주의할 점은 비자에 기록된 체류기간을 확인하는 일이다. 유효기간을 넘기면 그 나라 정부에서 정한 벌금을 내야 하는 경제적 부담도 있지만 벌금 미납자로 출국허가가 되지 않기 때문이다. 또 하나 주의할 것은 사우디아라비아나 리비아 같은 일부 아랍 국가의 비자에 적힌 숫자가 아라비아 숫자가 아니고 아랍 숫자이기 때문에 그것을 알지 못하여 체류기간을 넘기는 경우도 있다. 재입국을 할 경우에는 재입국 비자를 현지에서 받는 것이 바람직스럽다.

01. 이슬람이란 무엇이죠?

أحمد : ماهو دينك ، يا عبد الله ؟

마 디-누카, 야 압둘라?

아흐마드: 압둘라, 당신의 종교는 무엇이지요?.

عبد الله : ديني الإسلام .

디-니 알이슬람

압둘라: 나의 종교는 이슬람이에요.

أحمد : ما هو الإسلام ؟

شواهد حضارية للمملكة العربية السعودية (واس)

마 후와 알이슬라-무?

아흐마드: 이슬람이 무엇이지요?.

عبد الله : الإسلام دين الله ،

알이슬라-무 디눌라

압둘라: 이슬람은 하나님의 종교이지요

أحمد : ما هو دين الله ؟

마 후와 디눌라?

아흐마드: 하나님의 종교는 무엇이지요?.

عبد الله : هو الدين

후와 디-누

압둘라: 그것은 종교, 즉

الذي جاء إلى الناس كافة ،

알라지 자-아 일란 나-쓰 카-파

모든 인간을 위해서 온

ودعا النبي محمد الناس إليه ،

와 다아 안나비유 무함마둔 안나-싸 일라히

그리고 예언자 무함마드가 모든 인간을 그것으로 초대하였으며

وختم الله به رسالات السماء ،

와 카타말라후 비히 리쌀라-티 싸마-아

하나님께서 그것으로 하늘의 계시들을 매듭지은 종교이지요.

قال الله تعالى في القرآن الكريم :

깔-랄라후 타알-라 필 꾸란닐 카림

하나님께서 꾸란을 통해 말씀하셨어요.

إن الدين عند الله الإسلام

인낫 디-나 에인달라히 알이슬람

이슬람은 하나님의 종교이지요.

وقال : اليوم أكملت لكم دينكم

와 깔-라 알야우마 아크말투 라쿰 디-나쿰

또 말씀하셨어요: 내가 오늘 너희를 위해 종교를 완성하였고,

وأتممت عليكم نعمتي

와 아뜨맘투 알라이쿰 니으마티

너희를 위해 나의 은혜를 완성하여

ورضيت لكم الإسلام دينا .

와 라돠이투 라쿰 알이슬라마 디-난

이슬람을 너희의 종교로 만족하게 하였노라.

الكلمات

دين	: (디-눈; 딘) 종교	الذي	: (알라지) 관계대명사
جاء	: (자-아) 그가 왔다.	الناس	: (안+나-쑤; 안나-쓰) 사람들
كافة	: (카-파툰; 카-파) 모두, 전체, 예외없이	دعا	: (다아) 불렀다, 초청했다.
النبي	: (안+나비유; 안나비) 예언자	ختم	: (카타마) 억제하였다, 종결지었다.
رسالات	: (리쌀라-툰; 리쌀라-트) 계시들	السماء	: (앗+싸마-우; 앗싸마) 하늘
قبل أمس	: (까블라 암씨; 까블라 압쓰) 그제	أمس	: (암씨) 어제
اليوم	: (알야우마; 알야옴) 오늘	غدا	: (가단) 내일
بعد غد	: (바으다 가딘) 모레	أكملت	: (아크말투) 내가 완료하였다.
أتممت	: (아트맘투) 내가 완성하였다.	نعمتي	: (니으마티) 나의 은총

02. 알라와 하나님 그리고 예수와 성경(이슬람의 6신)

أحمد : ما هي أركان الإيمان الستة ؟

마 히야 아르카-눌 이만 씻타?

아흐마드: 믿음의 기본 요소 여섯가지란 무엇이지요?

عبد الله : الإيمان بالله وملائكته ورسله

알이만 빌라히, 와 말라-이카티히, 와 루쑬리히

압둘라: 하나님과, 천사들과, 사도들과,

وكتبه ويوم الآخر والقدر خيره وشره .

와 쿠투비히, 와 야우밀 아-키리, 왈 까다르 카이리히 와 샤르리히

성서들과, 종말과, 좋고 나쁜 운명을 믿는 것이지요.

أحمد : ما هو الله ؟

마 후와 알라?

아흐마드: 알라는 무엇이지요?

عبد الله : هو الخالق والمبدع

후와 알칼-리꾸 왈 무브디우

압둘라: 그분은 창조주이며 조물주이십니다.

يسمى بـ{غاد} باللغة الإنجليزية

유쌈마 비 가드 빌루가틸 인글리지야

그분은 영어로 God(가드)라 하고

و{هانانيم} باللغة الكورية .

와 하나님 빌루가틸 쿠리야

그리고 한글로는 하나님이라고 불리지요.

أحمد : ما هي الملائكة ؟

마 히얄 말라-이카?

아흐마드: 천사들이란 무엇이죠?

عبد الله : هي كائنات روحانية ونورانية

히야 카-이나트 라우하니야트 와 누라-니야

압둘마지드: 그것은 빛으로 된 영적인 존재들로

تكتب أعمال الإنسان من خيره وشره .

타크투부 아으말-라 인싼 민 카이리히 와 샤르리히

인간이 행하는 선행과 악행을 모두 기록하지요.

أحمد : من هم رسل الله ؟

만 훔 루쑤룰라히?

손 선생: 하나님의 사도들은 누구이지요?

عبد الله : هم الذين أرسلهم الله من البشر

후물 라지나 아르쌀라후물라 미날 바샤르

압둘마지드: 그들은 인간들 중에서 하나님이 보낸 자들로,

مبشرين بثوابه في الجنة ،

무밧쉬리-나 비싸와-비히 필 잔나

천국에 있을 하나님의 보상 소식을 알리고,

ومنذرين بعقابه في النار ،

와 문지리-나 비이까-비히 핏 나-르

지옥에 있을 그분의 징벌을 알리는 경고자들이지요

مثل نوح ، وإبراهيم ، وإسماعيل ، وإسحاق ،

미쓸라 누흐, 이브라힘, 이스마일, 이스하끄

예를 들어 노아, 아브라함, 이스마엘, 이삭,

ويعقوب ، وموسى ، وعيسى ، ومحمد .

와 야으꿉, 와 무싸, 와 이사, 와 무함마드

야곱, 모세, 예수, 무함마드 같은 분들이지요.

أحمد : ما هي كتب الله ؟

마 히야 쿠투불라?

손 선생: 하나님의 책들이란 무엇이지요?

عبد الله : هي الكتب الذي أنزلها الله على رسله ،

히야 알쿠툽 알라지 안잘라할라후 알라 루쑬리히

압둘마지드: 그것은 하나님께서 사도들에게 보낸 책들입니다.

مثل صحف إبراهيم ، و زبور داود ،

미쓸라 수흐프 이브라히마, 자부-르 다-우다

예를 들어 아브라함의 수흐프, 다윗의 시편,

وتوراة موسى ، وإنجيل عيسى ،

와 타우라트 무사, 와 인질 이샤

모세의 토라, 예수의 복음서,

وقرآن الذي أنزل على محمد .

와 꾸란 알라지 운질라 알라 무함마드

그리고 무함마드에게 계시된 꾸란을 말합니다.

أحمد : ما هو يوم الآخر ؟

마 후와 야우물 아-카르?

아흐마드: 종말이란 무엇인가요?

عبد الله : هو اليوم الذي سيكون العالم له نهاية .

후왈 야움 알라지 씨야쿠-눌 알람 라후 니하-야

압둘라: 이 세상 모든 것이 끝나는 날이지요.

أحمد : ما هو القدر خيره وشره ؟

마 후왈 까다르 카이리히 와 샤르리히?

아흐마드: 좋고 나쁜 것의 운명이란 무엇이지요?

عبد الله : هو الذي يقدره الله ما يشاء

후왈 라지 유깟디루홀라 마 야샤

압둘라: 하나님께서 원하는대로 운명을 결정하다는 뜻이에요.

مثل الموت والحياة .

미쓸루 미우트 왈 하야

예를 들어 죽고 사는 것.

03. 아랍인들의 일상생활과 전통(이슬람의 5행)

أحمد : ما هي أركان الإسلام الخسمة ؟

마 히야 아르카-눌 이슬람 캄싸?

아흐마드: 이슬람의 5행이란 무엇인가요?.

عبدالله : هي الشهادة ، الصلاة ،

히야 쉬하-다투, 앗쏼라-투

압둘라: 그것은 신앙고백, 예배,

الزكاة ، الصوم ، والحج .

앗자카-투, 앗싸움, 알핫즈

이슬람세납부, 단식, 성지순례입니다.

أحمد : ما معنى شهادة ؟

마 마으나 쉬하-다

아흐마드: 신앙고백이란 무슨 의미지요?

عبدالله : وهو أشهد أن لا إله الا الله

와 후와: 아슈하두 안 라 일라하 일랄라

압둘라: 나는 하나님 외에 어떤 신도 존재하지 않음을 고백하고

وأشهد أن محمدا رسول الله .

와 아슈하두 안나 무함마단 라쑬룰라

그리고 무함마드는 하나님의 사도임을 고백합니다.

ما المقصود من الشهادة

말 마끄수-드 민낫 쉬하-다

신앙고백의 의미는

الإيمان بالله ورسوله .

알이마-누 빌라히 와 라쑬-리히

하나님과 그분의 사도에 대한 믿음이에요.

أحمد : ما هي الصلاة ؟

마 히야 쌀라-투?

아흐마드: 예배란 무엇인가요?

عبدالله : وهي عبادة الله ،

와 히야 이바-다툴라

압둘라: 그것은 하나님에 대한 경배,

وصلة بين العبد وربه .

와 씰라툰 바이날 압두 와 랍리히

인간과 주님과의 매개체입니다.

أحمد : ما هي الزكاة ؟

마 히야 자카-투?

이슬람세란 무엇이지요?

عبدالله : هي أن يؤدي المسلم الغني ،

히야 안 유앗디 무슬리물 가니유

압둘라: 그것은 부유한 무슬림이 행하는 것으로

من ماله شيئا مقدرا للفقراء

민 말-리히 샤이안 무깟다란 릴푸까라-아

그의 재산 중에서 정해진 양을 가난한 자와

المحتاجين والمجاهدين في سبيل الله .

알무흐타-지나 왈무자-히디나 피 싸비릴라히

그것을 필요로 하는 자와 하나님을 위해 헌신하는 자를 위해 납부하는 것이지요.

أحمد : ما هو الصوم ؟

마 후와 싸움?

아흐마드: 단식이란 무엇인가요?

عبدالله : هو الامتناع عن الطعام

후왈 임티나-우 아닛 따암

먹을 것을 단념하고

والشراب والجماع

왓샤랍 왈지마-아

마실 것, 성생활을 금하는 것이에요.

نهارا من طلوع الفجر

나하란 민 뚤루-밀 파즈르

새벽 여명기부터

إلى غروب الشمس ،

일라 구루-비 샴쓰

해가 질 때까지의 낮 동안.

أيام شهر رمضان من كل سنة .

아이야-마 샤흐르 라마단 민 쿨리 싸나

매년 라마단 한 달 동안 말이에요.

وليس القصد منه الأمتناع عن الطعام فقط ،

와 라이싸 알까사두 민후 알임티나-우 안 따암 파깥

단식은 단지 음식을 먹지 않는다는 것만 의미하는 것이 아니고

بل تقوية الإرادة

발 타그위야툴 이라-다티

의지력을 강화하고

وتعويد النفس على الصبر

와 타우위드 납씨 알라 싸브르

자신에 대한 인내심을 기르는 것이며

والشعور مع الفقيروالمريض .

와 슈우르 마알 파끼-르 왈마리-드

가난한 자와 병든자와 마음을 같이하는 것이지요.

أحمد : ما هو الحج ؟

마 후왈 주핫?

아흐마드: 성지순례란 무엇이지요?

عبدالله : هو قصد بيت الله الحرام بمكة

후와 까스두 바이틸라힐 하람

압둘라: 메카에 있는 신성한 신전에 가서

لأداء عبادة الله

리아다이 이바다-틸라

하나님을 경배하는 것이지요.

في أيام معلومة ،

피 아이야-민 마을루-마틴

정해진 날에 말이에요.

وهو واجب مرة في العمر

와 후와 와-집 마르라탄 필 우므리

일생에 한번은 의무에요.

على كل مسلم بالغ مستطيع .

알라 쿨리 무슬림 발-그리 무쓰타띠-으

능력이 있는 성인 모든 무슬림의 의무이지요.

الكلمات

الإيمان : (알+이마-누; 알이만) 믿음

رسل : (루쑬룬; 루쑬) 사도들, 전령들

يوم الآخر : (야우물 아-키르) 종말

الخالق : (알+칼-리꾸) 창조주

اللغة : (알+루가투; 알루가) 언어

روحانية : (라우하-니야툰; 라우하-니야) 정신, 혼

تكتب : (타크투부; 타크툽) 기록하다, 쓰다.

الإنسان : (알+인싸-누; 알인싼) 인간, 사람

شر : (샤르룬; 샤르르) 나쁜, 악, 악함

البشر : (알+바샤루; 알바샤르) 인간, 사람

ثواب : (싸와-분; 싸왑) 보상, 대가

منذر : (문지룬; 문지르) 경고자

النار : (안+나-루; 안나-르) 불, 지옥

نهاية : (니하-야툰; 니하-야) 끝, 마지막, 한계

مثل : (미쓸라) … 처럼

الحياة : (알+하야-투; 알하-야) 생명

الشهادة : (앗+쉬하-다투; 앗쉬하-다) 고백, 증언

الصلاة : (앗+쌀라-투; 앗쌀라) 예배

الصوم : (앗+싸우무; 앗싸움) 단식, 금식

الحج : (알+핫주; 알핫즈) 순례

لا إله الا الله : (라 일라하 일랄라)

하나님 외에는 어떠한 형태의 신도 존재하지 않는다.

الإيمان : (알+이마-누; 알이만) 믿음

صلة : (씰라툰; 씰라) 연결, 매개체, 고리

العبد : (알압두) 종, 인간

يؤدي : (유앗디) 그가 … 을 행하다.

مال : (말룬; 말) 재물, 재산

مقدر : (무땃다룬; 무깟다르) 일정 량

في سبيل الله : (피 싸비릴라) 하나님의 길에서

필요로 하는 자들

الطعام : (앗+똬아-무; 앗똬암) 음식

ملائكة : (말라-이카툰; 말라-이카) 천사들

كتب : (쿠투분; 쿠툽) 책들

قدر : (까다룬; 까다르) 운명, 숙명

المبدع : (알+무브디우) 조물주

كائنات : (카-이나툰; 카-이나트) 실체

نورانية : (누라-니야툰; 누라-니야) 빛, 섬광

أعمال : (아으말-룬; 아으말) 일, 업적, 행위

خير : (카이룬; 카이르) 좋은, 선, 착함

أرسل : (아르쌀라) 보냈다, 파견했다.

مبشر : (무밧쉬룬; 무밧쉬르) 복음 전달자

الجنة : (알+잔나투; 알잔나) 천국, 정원

عقاب : (이까-분; 이깝) 벌, 처벌, 징벌

العالم : (알+알-라무; 알알-람) 세계, 우주, 모든 것

يشاء : (야샤-우; 야샤) 그가 원하다.

الموت : (알+마우투; 알마우트) 죽음

أركان : (아르카-눈; 아르칸) 기둥, 기초, 토대

الزكاة : (앗+자카-투; 앗자카) 이슬람세

معنى : (마으나) 의미, 뜻

أشهد : (아슈하두) 나는 고백한다.

رسول : (사쑬-룬; 라쑬) 사도, 사절

المقصود : (알+마끄수-두; 알마끄수-드) 의미, 의도

عبادة : (이바다-툰; 이바-다) 경배, 신앙생활

بين : (바이나) 사이

رب : (랍부) 주님, 주인

الغني : (알+가니유; 알가니) 부자

شيئ : (샤이운) 어떤 것

المحتاجين : (알+무흐타-지나; 알무흐타-진)

المجاهدين : (알+무자-히디나; 알무자-히딘)

الامتناع : (알+임티나-우) 전폐, 포기, 금지됨

군인들, 투사들, 하나님을 헌신한 자들

الشراب	: (앗+샤라-부; 앗샤랍) 음료수	الجماع	: (알+지마-우; 알지마) 성교제
نهار	: (나하-룬; 나하-르) 낮(day)	طلوع	: (뚤루운; 뚤루으) 떠오름
الفجر	: (알+파즈루; 알파즈르) 여명기, 새벽	غروب	: (구루-분; 구룹) 지는 것
الشمس	: (앗+샴슈; 앗샴스) 태양	أيام	: (아이야-문; 아이-얌) 날들(days)
شهر	: (샤흐룬; 샤흐르) 달, 월	رمضان	: (라마단) 이슬람 역 아홉번째 달 이름
كل	: (쿨룬; 쿨루) 모두	سنة	: (싸나툰; 싸나) 해, 년도
ليس	: (라이싸) … 아니다.	فقط	: (파까뜨; 파깟) 단지
تقوية	: (타끄위야툰; 타끄위야) 강화	الإرادة	: (알+이라-다투; 알이라-다) 의지
تعويد	: (타으위둔; 타으위-드) 습관들이기	النفس	: (안+납쑤; 안납쓰) 자신, 영혼, 정신
الصبر	: (앗+사브루; 앗사브르) 인내	الشعور	: (앗+슈우-루; 앗슈우-르) 정신
الفقير	: (알+파끼-루; 알파끼-르) 가난한 자	المريض	: (알+마리-두; 알마리-드) 환자
قصد	: (까스둔; 까스드) 가는 것	بيت الله	: (바이툴라히; 바이툴라) 카으바 신전
الحرام	: (알+하라-무; 알하람) 신성한 곳, 성역	لأداء	: (리아다-이) … 을 수행하기 위해
معلومة	: (마을루-마툰; 마을루-마) 알려진	واجب	: (와-지분; 와-집) 의무
مرة	: (마르라툰; 마르라) 한번, 횟수	العمر	: (알+우므루; 알우므르) 나이, 일생
بالغ	: (발리-군; 발-리그) 성년	مستطيع	: (무쓰타띠-운; 무쓰타띠-으) 능력이 있는 자